帰宅難民なう。

北辰堂出版

2011年3月11日（金）に発生した東日本大震災および大津波災害におきまして、亡くなられた方々とご遺族の皆様に対しお悔やみを申し上げますとともに、被害に遭われた皆様、ご家族の皆様方に心よりお見舞い申し上げます。

被災地の一日も早い復興復旧を心よりお祈りしております。

はじめに

２０１１年３月11日14時46分。本書を手に取ってくださったあなたは、この日をどこで、どんな状況で迎えたのだろうか。

平日の昼間であったことから、お勤め先で仕事をしていたという方。ご自宅で掃除・洗濯をしながら過ごされていた方。どこかへ出かけられる途中だった方。学校にいた方。買い物中だった方など……それぞれのスケジュールの中で、この瞬間を迎えられたことと思う。

震度５強という強い揺れを観測した東京都では、あらゆる交通網が麻痺し、人々が帰宅できない状況に陥った。

いわゆる帰宅難民・帰宅困難者となり、臨時避難所で一夜を明かした人は12万人との発表があったが、これに徒歩で帰宅した人や避難所を利用せずオフィスなどに留まった人の数を加えると何倍・何十倍もの帰宅難民が発生したことになる。

帰宅難民となってしまった場合どう対処すれば良いのか、という情報は、これまでにもさまざまな書籍やインターネットで見かけたが、それらの情報が全て役に立ったかと問われると、残念ながら、私はＮＯと答えるだろう。

震災時の心理状況は平常時のそれとは大きく異なる。普段当たり前だと思っていることが突然判断付かなくなってしまったり、タブーとされることすらもうっかりやってしまうこともある。冷静に考えればすぐ分かることなのに、一種の興奮状態でその分別ができなくなってしまうのだ。

本書は帰宅難民となってしまった際の模範解答を示す書籍ではない。もちろん帰宅困難時にやるべきことや、やっておいて良かったことも記してあるが、やるべきではなかったことも記されている。だが、これこそが非常事態時の心の動きなのだと受け止めていただければ幸いである。

本書を書くに当たって、ペンネームを「難民A」とさせていただいた。ふざけた名前だが、難民Aは私であると同時にあなた自身でもある。今回は私が歩いた江戸川橋~大森間の18キロメートル強ほどのルートを軸にしているが、これをあなたの歩く道・距離と照らし合わせて考えてみて欲しい。そして、万が一この先の人生であなたが「難民A化」したときに、本書があなたの教師に、あるいは反面教師になればこれに勝る喜びはない。

帯にあるように本書の収益は日本赤十字社を通じて東日本大震災による被災地へ送られる。被災地の一日も早い復興を心よりお祈り申し上げると共に、微力ながらそのお手伝いができればと切に願うばかりである。

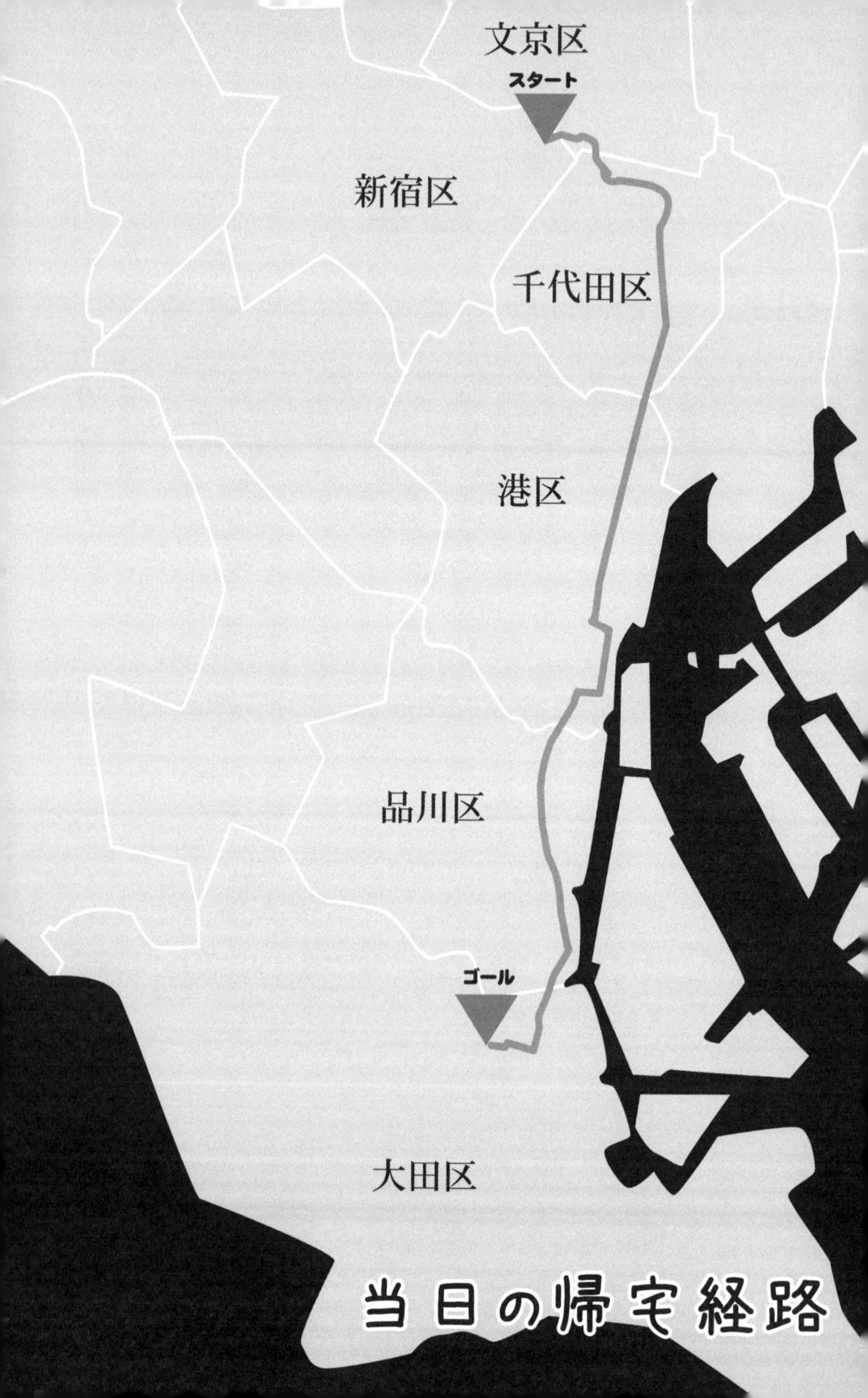
文京区
スタート
新宿区
千代田区
港区
品川区
ゴール
大田区

当日の帰宅経路

第一章

オフィス〜飯田橋

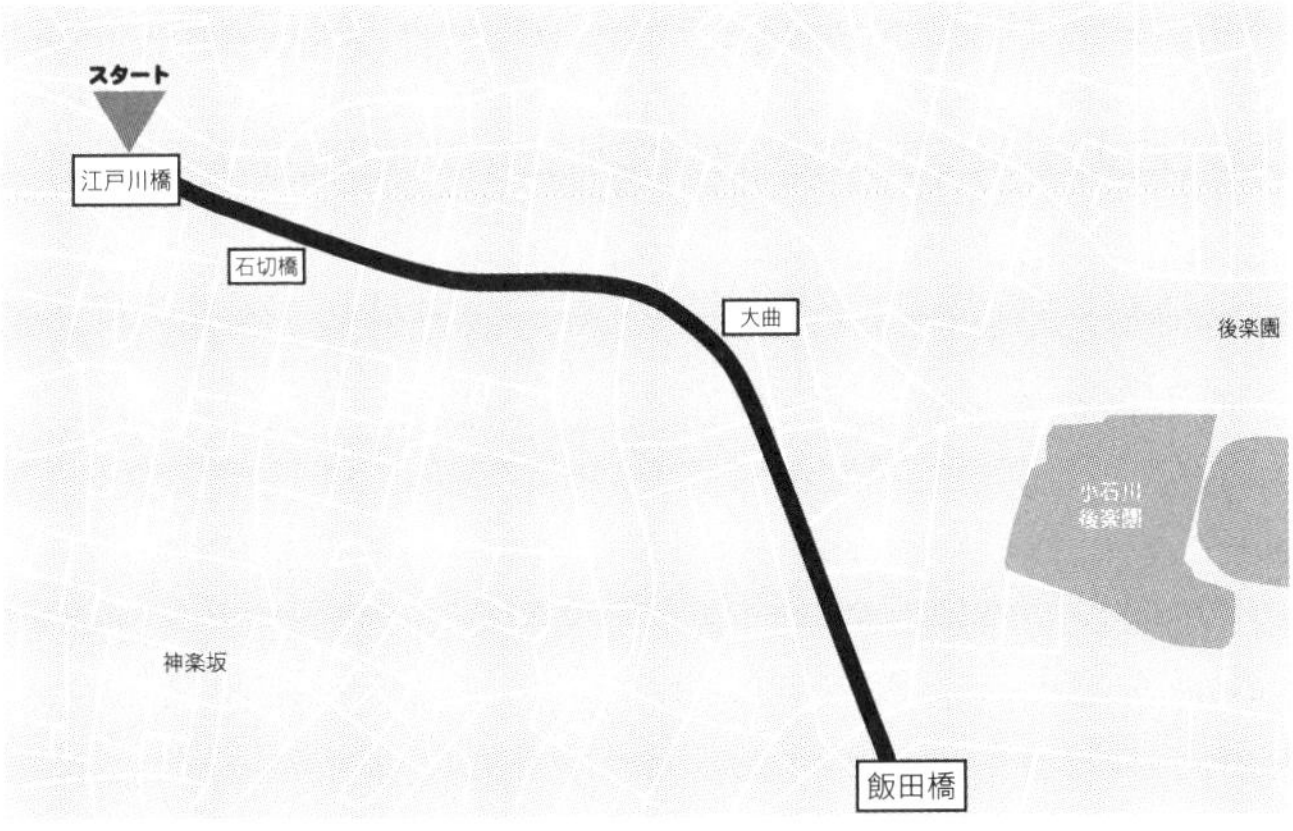

オフィスから飯田橋駅まで約２km

【3月11日　午後2時46分】

「あれ、地震だね」

誰かの呟きで気付いた僅かな揺れ。

それはまるで湯船に浸かっているときに身動きしたかのような、ゆったりとした揺れだった。

7階建てのビルの2階に位置するこのオフィスは、建物が頑丈なのか、小さな地震ならば気付かないほどしっかりしている。そんな場所で揺れが分かったのだから、震度2くらいだろうな……などと私は呑気に考えていた。

だが直後にそんな悠長さは吹き飛んでしまう。揺れは緩やかさを保ちながら、徐々にその幅を大きくしていった。

「机の下に潜れ！」

ただ立ち尽くすだけになってしまった他の社員に向かって怒号が飛ぶ。直後、デスク上に山積みにされた本や書類が崩れ、壁ぎわの本棚からは電話帳がバサバサと音を立てて落ちてきた。

ゆりかごに乗せられているような揺れはずいぶん長く続いたように思う。

横揺れが収まってきた頃を見計らい、入口と非常口の扉を開け、避難路を確保する。外から聞こえてくる音は思ったよりも静かだった。

社員全員で外に出て状況確認。携帯電話は既に繋がらない。が、前に見たテレビ番組で「メールは繋がりやすい」と言っていたのを思い出し、自宅にいる家族に連絡。たった一言だけ「無事だよ、そっちは大丈夫?」と。他に何を聞けばいいかなんて思い浮かびもしなかった。

周りのビルや家からも怖々と空を見上げながら人が出てくる。たちまち道路はご近所さんで溢れ返った。

国道を挟んで向こう側に立つ12階建てのマンションからは非常階段で続々と人が降りてくる。エレベーターが止まったのだとこのとき初めて気が付いた。よく見たら我が社のエレベーターも止まっている。もしタイミング悪く乗っていたら……と思うと肝が冷える思いがする。

ひとまず周囲にはガス臭さも煙臭さもない。緊急車両が近づいてくる様子もない。

一度オフィス内に戻ろうと踵を返す。このとき、ふと見上げたビルの壁に亀裂が入っていることに気が付いた。

なぜご近所さんたちが怖々と空を見上げながら建物から出てきたのか……遅蒔きながらその理由にようやく気が付いた。

【東京での被災】

オフィスに戻って業務を再開しても、余震と思われる揺れが収まらない。

そのうち何回かは最初の揺れと同じくらいのもので、そのたびに外へ出て確認することをくり返していた。

何度目の揺れの後だっただろうか。インターネットで情報を集めていた社員が呆然と呟く。

「お台場ですごい火事になってるって……」

発表された揺れの強さは**東京で震度5強**。震源に近い場所では**震度7を記録**したと言っている。

地震大国・日本のお気楽感覚が染み付いているのか、ある程度大きな地震でもさほど被害はないだろうとたかを括ってしまう。だが、震度5強の揺れはそんな甘い考えを吹き飛ばした。

度重なる余震で更に被害は拡大したのか**時間を追うごとに血の気を引かせるニュースが続々と飛び込んでくる**。

前述のお台場で発生した火事の画像、古い建物での天井崩落、そして、大津波警報発令……。

東京都内の交通網も麻痺をはじめている。首都高速は全て封鎖、電車もほぼ全てが停止している状態だ。

「終業時間までには復帰してくれるかね？」

このときの我々はまだ事態を軽く考えていた。大きな地震があり、都内各地で被害が出ているとはいえ、電車も1時間くらい待てば運転再開するだろうと思っていたのだ。

テレビもラジオもないこのオフィスでは、**インターネットから入ってくるニュースだけが唯一の情報源**だ。もちろん携帯電話にはテレビを視聴できるワンセグ機能も付いている。最初はそれも利用していたが、ビル内では電波が入りづらいこと、また、同じニュースのくり返しばかりで欲しい情報がすぐに手に入らないことから付けっぱなしにするのは電池と時間の無駄という判断を下さざるを得なかった。

オフィス内の誰もが度重なる揺れの中で呑気にパソコンで情報を集めていたが、一向に良くならない状況に、ついにしびれを切らしてしまう。

お台場での火災。撮影者：Hikosaemon

「もう駅まで行って状況見ようや」

ここで出た「駅」とはオフィスから最も近い東京メトロ江戸川橋駅の話ではない。ここから歩いて小一時間ほどかかる、ＪＲ飯田橋駅の話だった。

ちなみにこの時点で江戸川橋駅は、水が噴き出して駅自体が封鎖になっていた。元々水の出やすい地質で、普段から通路の脇に水を流すための側溝が作ってあったような場所だ。それが今回の地震で地盤が緩んだのか、かなりの量の水が噴き出してきたらしい。

そうでなくても東京メトロは運転を見合わせている。ただ復旧したとしても、この駅特有の水問題はすぐに解消するものでもないだろう。つまり、今日中に江戸川橋駅が使えるようになる見込みはない、ということだ。

それに対して飯田橋駅なら水の問題もないし、ＪＲと東京メトロの両方が乗り入れている。どこかで電車が復旧した場合、江戸川橋駅にいるよりも飯田橋駅の方が電車の乗り継ぎがうまくいく確率が高いだろうと考えての判断だった。

社員の何人かは我々と反対方向に行き、池袋駅まで歩いてみるという。情報が入らない以上、ここにいても仕方がないのだ。

建物が崩落しそうな道には行かないように、と注意を促しつつ、それぞれに帰り支度を進める。

荷物を軽くしてゆく者、来週も動けなくなる可能性を心配して仕事を持ち帰ろうとする者、途中の食糧用に、とデスクのおやつを鞄に詰める者、反応は人それぞれだった。

17時30分、オフィスを出発。これが帰宅難民のスタートだった。

安心な建物とは

新耐震基準で建てられた建物。1981年「新耐震設計基準」が施行されたが、その後の工事期間を考慮すると、1983年以降の建物は震度6に耐えられる設計になっていると考えられる。

危険な建物とは、

・タイル貼りの建物、タイルが浮いている建物、外壁に亀裂が入っている建物
・事務所ビルなどで、窓ぎわにびっしり棚などが並べてある建物
・建築中の建物
・広告看板がある建物
・古い耐震基準（1981年以前に建築）の建物

建物以外でも外にいた場合は、ビルの壁際、石垣、ブロック塀、自動販売機などには地震時には近づかない。

また、建物から外へ出る際は、外壁や看板、ベランダに置いてある物などが落下してくることもあるので上空に注意し、建物のそばには寄らないようにする。

【歩きはじめる】

新目白通りを飯田橋方面に向けて歩く。

この方向に行くのは私と同僚二人の合わせて三人である。

途中でタクシーを捕まえることができたらラッキーくらいの気持ちでいたが、それが甘い考えであったことを、街の様子に教えられる。

歩道は既に大勢の人が歩き、道路は高速道路が封鎖されたためか車がびっしり詰まっている。

歩く人々は我々とは逆の方向に進んでいる。どうやら池袋・目白方面を目指しているらしい。

人の多さに面食らいながらも、とりあえず**水分と食料を確保する**ために道沿いのコンビニエンスストアへと飛び込む。

だがここで、この状況がどれだけの混乱を招いているのかを突き付けられた。

水はなんとかペットボトル入りのものを買えたものの、**おにぎり・サンドイッチ・パンといったものは軒並み品切れ状態**で、棚がスカスカになっている。

辛うじてクッキー数枚と小さなバウムクーヘンは手に入ったが、食事となりそうなものは完売しているありさまだ。

　そして更に店内を見渡すと、**携帯電話の充電器もない**。いつもは全ての携帯電話会社に対応した充電器をそろえているのに、その棚だけぽっかりと穴が開いてしまっている。

　これだけの物が一気に売り切れていることを考えると、多数の人が長時間歩くことを覚悟しているということだろうか。

　買い物を終え、店を出ると、歩く人の数は先刻よりも多くなっている。朝のラッシュ時における駅改札の混雑を思い起こさせるほどだ。

　とにかく駅へ向かわないことには新しい情報は得られない。我々三人は人の流れに逆らうように飯田橋駅へと向かった。

コンビニエンスストアの棚。撮影者：Danny Choo

【携帯電話の充電器】

入手困難。普段から一つ鞄に入れておくと良い。


【食糧確保】

混雑時は歩きながら何かを食べるのは難しい。飴や小さなチョコレートなどは歩きながら食べられる上、糖分で疲れが和らぐので携帯しておきたい。

【JR飯田橋駅】

人の流れに逆らって辿り着いた飯田橋駅前の交差点は、人と車で溢れ返っていた。午後6時を過ぎた駅前は、金曜の夜であるにもかかわらず普段の華々しさはない。混雑で賑やかではあるのだが、殺伐とした雰囲気は拭えない。

改札付近には多くの人が立ち尽くし、駅員に運行状況を聞いているが、駅員も利用客もその表情は芳しくない。**回復の見込みが立たない**のだ。

道路から電車のホームを見上げると、普段は煌々と灯っている蛍光灯の明かりが消えている。運行の見込みが立たないために乗客を入れられないようだ。

周囲を見ると、この場で復旧を待つ人や歩くために行き先を調べる人でごった返している。タクシーを待つ列は乗り場から長蛇の列となっているが、それに対してタクシーはたまに通りかかるも既に乗客がいる状態か予約車となっており、列は伸びる一方だった。

復旧の見込みがないのならいつまでもここにいることはない。今必要な情報を確認し、とにかく歩けるところまで歩いて行こうと心に決めた。

ここで役に立ったのが、毎朝必ず送られてくる**民間気象予報会社からの気象予報メール**である。月額でいくらかの利用料はかかるが、朝、自分が設定した時間に、その日の天気と気温、注意点を知らせてくれる。

万が一最初から最後まで歩くことを考えると、途中の天候は大変気になるところである。携帯電話がつながりにくくなっている今、頼りになるのは今朝送られてきた情報であった。

これによると今夜は雨となる確率が40パーセントほど。降るかどうかは微妙なラインだが、仮に降られてしまった場合、**雨具なしで歩き続ける**のは非常に辛い。

このため、飯田橋駅に隣接する駅ビルで傘を購入。

一瞬大きい傘にも目が留まるが、この先何が起こるか解らない状況で**手荷物を増やすのは危険**と判断し、鞄に収まる軽量の折りたたみ傘を選んだ。

ひょっとしたら雨は降らないかも知れない。だが、降ってしまったら、傘なしで歩くのは非常に困難だ。そういった意味では、この折りたたみ傘は一種のお守りのような存在でもあった。

駅ビル内では他に靴やリュックサックを購入している人の姿が目立った。

我々もリュックサックを手にとってみるが、肩かけ鞄があるので大丈夫とのことで、購入を見送り、再び人波へと戻っていった。

歩きやすい靴の選び方

長時間歩くことができるかどうかは靴によっても大きく左右される。では、歩きやすい靴とはどんな靴なのだろうか。

【靴を選ぶときの注意点】

足の大きさを朝と夕方とで比べてみると5～10ミリ程度の差が出るので、靴を買う際は足が大きくなる午後に購入した方が良い。

そして、足は左右でも大きさが異なるため、試着は両足とも履いておこう。

【靴を選ぶときのポイント】

かかとと靴を密着させて靴の先端の「あまり」をしっかりとみてみよう。

□つま先は痛くないか

□つま先から靴の先端まで5～10ミリくらい「あまり」があるか

□靴先が広く、足の指が自由に動くか

□親指と小指の付け根はフィットしているか

□歩いてみて足が前に滑らないか

□靴底はつま先から1／3部分で曲がり、クッション性があり、しっかりしているか

□足の甲が圧迫されてないか

□甲と靴の間にスキマはないか

□足の土踏まずの位置、形、靴の内側のアーチの位置、形は合っているか

□くるぶしが靴にあたっていないか

□かかとを浮かしても、靴は抜けないか

□片足で立って、きつくないか

現在使用している靴に中敷を入れるだけでも足の疲れや歩きやすさが違ってくる。ウォーキング用など衝撃を吸収するタイプの中敷などもあるので、自分に合ったものを探してみよう。

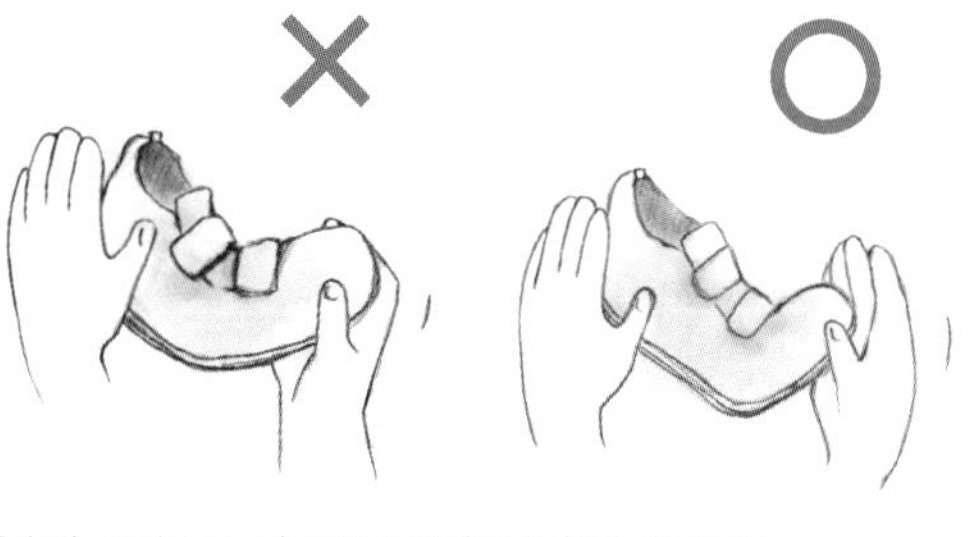

靴底がつま先から 1/3 部分で曲がる方が歩きやすい靴。

第二章

飯田橋〜皇居前

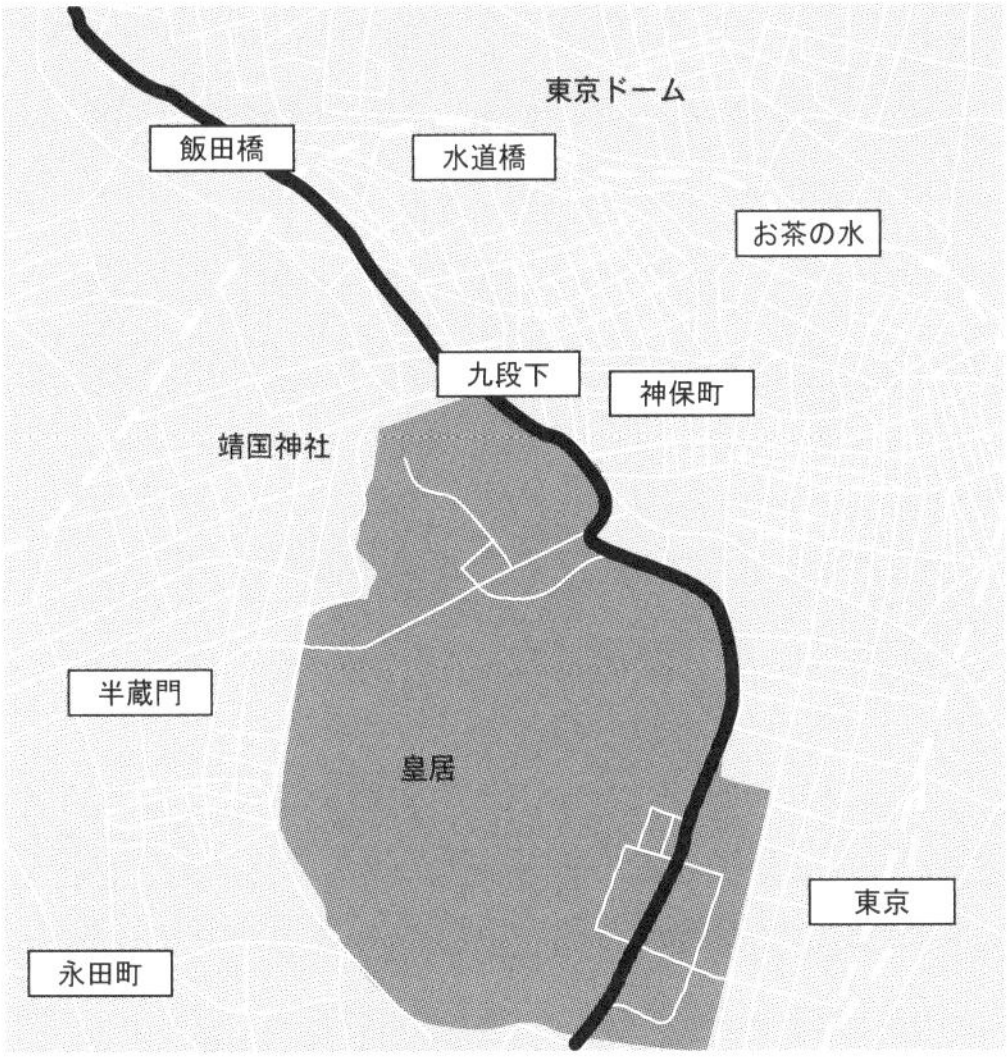

飯田橋駅から皇居前まで約3km

【人波に沿って歩く】

ＪＲ飯田橋駅から出発し、次の目標地をどこにするのか――。

この**目標地を決める**という行為は、自分が歩く上で重要な目安となった。

どの地点で電車が復旧するのか、また、実際どこまで歩いて行けるのか、先は全く見えない。

そんな中でどこに行けば情報が得られるのか、トイレや休憩スペースは借りられるのか、といった問題は非常に重要になってくる。

このため、目標地はなるべく細かく設定して歩くことにした。こうすることで自分の体力と状態を確認しながら歩くことができると思ったからだ。

我々が帰ろうとしているのは、ＪＲ京浜東北線の大森駅。東京23区の中で最も南に位置する大田区の駅で、隣の蒲田駅を越せば神奈川県に入るという、まさに東京の端に位置する場所だった。最悪ここまでの距離全てを歩くことにもなりかねない。だから、途中の目標地はできるだけ細かく設定しておきたかった。

不幸中の幸いであったのが、我々三人のうち一人が**おおまかな道のりを分かっていた**ことだった。自宅から会社までを車で何度も来たことがあるため、大体の距離がつかめていたのだ。

「まずはここから九段会館を目指そう。その後は竹橋駅、有楽町駅、日比谷方面……かな。最短距離の道もあるけど坂も多いから、とにかく平坦な道が多い皇居の方へ向かって歩こう」

時間にしてそれぞれのポイントまで約30分から1時間ほどの距離だという。

携帯電話はまだつながらない。インターネット関連はたまに回復しそうな気配を見せるが、それでも頻繁に不通となってしまう。そうなると地図情報も出すことができないため、道に詳しい人間がこの場にいることは非常に心強かった。

歩き方にも気を遣う。長時間歩くことを考えると、できるだけ**足に負担をかけない歩き方**をしなければならない。

速度はなるべくゆっくり。かといってだらだら歩くと余計に疲れる。また、**地面がアスファルト**であることも考慮しなければならない。

大混雑の飯田橋駅から南に向かって歩き出す。この駅を境に、人の流れが変わった。今まで我々が逆走していたが、今度は人波に乗ることになる。

彼らの目的地も九段下駅や竹橋駅、あるいは東京駅方面なのだろう。まるで初詣に向かう参拝者の列のように道は大混雑していたが、誰もが不安な表情で黙々と歩いていた。

【九段会館事故】

ＪＲ飯田橋駅から南に向かって歩くこと約30分。大きな交差点へと差しかかる。九段下の交差点だ。

この交差点を右に行けば靖国神社、左に行けば神保町・秋葉原方面へと行くことができる。

この交差点を渡った反対車線側、つまり我々の進行方向右側に、緊急車両数台が停まっていた。そして、その周辺には野次馬と報道陣らしきカメラも数台見える。

横断歩道を渡って車道越しに野次馬たちの見ている方向を見る。緊急車両の陰から、道向かいの建物――九段会館の入り口に立ち入り禁止の黄色いテープが貼られているのが見えた。

「何かあったんですか？」

思わず立ち止まり、周囲の人に聞いてみる。我々の後ろから来る歩行者も立ち止まったり背伸びしたりして九段会館の状況を見ようとしていた。

「天井が崩れたんだよ。何人か怪我したらしい」

その言葉に一瞬血の気が引いた。九段会館は昭和の初めに建てられ、戦前は旧日本軍の施設として使われていた古い建物だ。内装は戦後に大改装が行なわれたといわれているが、先刻の地震で崩落を起こしたらしい。

古い建物だけに石造りの場所が多い。負傷者は既に病院へ運ばれているとのことだが、会社を出る前に聞いた「古い建物が崩れて怪我人が出た」というニュースはここのことだったのかと思うと、こんな身近な場所で、と改めて冷たいものが走る。

そのときちょうど体がめまいを感じる。いや、めまいではない。余震が起こっていた。

歩いていて気が付かなかったが、ここに来るまでも余震は何度も起きている。

不意に周囲の様子が気になって見回す。見た目はなんともなくとも、周囲の建物も**余震で崩れ出す可能性**もある。

歩いている人々の中には**ヘルメットを携帯し、既に着用している人**もいる。恐らく緊急時に備えて企業側が用意していたのだろう。実際の事故現場に立つと、それらの備えは決して大袈裟ではないと思い知る。

我々は早足にその場を離れた。ここにいても新たな情報が得られない……というよりも、**立ち止まることで道を塞いでしまう**こと、そして備えもなしに**ビルの狭間で立ち止まることが今何よりも危険**なことに思えていた。

【毎日新聞社前】

九段会館を過ぎ、首都高速の下を通り抜ける形で道を渡ると、目の前に大きな森が見えてくる。東京23区の中央に位置する皇居である。

ここから道は皇居の内堀に沿って左に曲がる。

その曲がり角に当たるところに毎日新聞社の本社ビルがある。

どっしりとした構えのビルを見上げると、各フロアに煌々と明かりが灯っている。報道の最先端に立つ新聞社だ。こんな地震があった後では内部は戦場のような慌しさなのだろう。

ビルの横を通り、正面玄関に回りこむと、入り口にある警察官の詰め所に人が入れ代わり立ち代わり訪れている。何人かはパソコンでプリントアウトした地図を持っていることから、恐らく道を尋ねているのだろう。

そのときちょうどビル入り口から**毎日新聞社の社員と思われる人が何人も走り出てきた**。

彼らは一様にビニールに包まれた紙の束を抱え、それぞればらばらの方向へ走って行く。

そのうちの一人がビル前で立ち止まり、包みを開いて中の紙を配りはじめた。

「号外です！　毎日新聞号外をお配りしています！」

一枚一枚配られる号外は歩く人々に次々と手渡されてゆく。ビルからは他にも号外を抱えた社員達が続々と走り出て、各方面に散らばっていった。彼らも先の道で、あるいはこの先の東京駅や我々が通ってきた九段下駅・飯田橋駅などで号外を配ってゆくのだろう。

号外を配る彼らの周りには既に人だかりができている。我々も一枚貰い、一面を見て……思わず絶句した。

「何だ……これは」

号外の一面には、これ以上にないほどの大きな文字で「東北で巨大地震」と書かれている。四面構成からなる号外は内側の二面に震災直後の写真を多数掲載していた。

それらを見て更に言葉を失う。

街が、ない。全てが崩れ、水で覆われ、荒地となっている。

このときまで我々は津波の被害についてさほど考えてはいなかった。

もちろんオフィスを出る前に見たインターネットの情報で、大津波警報が発令されていたのは知っている。だが、そこから先のニュース情報はほぼ入ってきていなかったのだ。

携帯電話のワンセグ機能を使ってテレビを見れば情報は手に入れられたが、この状況下で歩きながら視聴できる状態ではなかったため、また、**電池を消耗するのを避けるため、報道を一切見ていなかった**というのも、リアルタイムの情報が手に入らなかった理由の一つである。

折りしも、数日前の地震で津波注意報が発令されていたが、結果としてさほどの被害もなくやり過ごせていた。その奇妙な安心感と慣れから、今回もきっと大した被害はなく終わる、と思い込んでいたのだ。

号外では宮城に到達した津波は3メートル以上と書かれている。波とはいうものの、実際は3メートルもの水の塊がいきなり押し寄せてくるのと同じことだ。その恐怖は先のスマトラ沖地震の際に撮影された映像が雄弁に物語っている。

それと同じだけの水が東北地方沿岸に押し寄せたという。被害については明記されていないが、相当数の被災者が出ていることは容易に想像できた。

現在も大津波警報・津波警報・津波注意報は発令中で、太平洋側ではほぼ全域に警報が発令されているという。

不意に、東京湾へと続く水路際にある我が家が心配になる。津波については全く心配していなかった。

東京湾にも津波警報が出ていることを考えると、それら水路にも津波が押し寄せる危険性がある。

　突然訪れた不安に、一刻も早く自宅へ帰りたくなる。だが電車は未だに動く気配がない。タクシーもつかまりそうにない。それどころか**道路はどこも車が詰まり、徒歩よりも速度が遅い**有様だ。

　結局歩くのが一番早いと考えると、我々は号外を鞄の中にしまい、再び歩き出した。

　号外にはまだ読んでいない部分もあったが、**自分自身が不安にならないため**にも、帰り着くまで見るのはやめようと思っていた。

毎日新聞社前で配られた号外新聞

【号外】

震災時には携帯電話もつながらなくなるため、貴重な情報源となる。ただし、読んで不安が増すようなら、後ほど落ち着いてからゆっくり読むこと。


【津波警報・注意報】

発令された際は予想される波の高さに関わらず、すぐに高台に避難する。予想が低いからと絶対に海岸線には近付かない。

【東京駅に向かう人々】

皇居を北から時計回りに進む形で南下すると、次第に歩く人の数も多くなってきた。竹橋駅を過ぎ、さらに進んだこのあたりは大手町と呼ばれる場所で、各企業の本社ビルが多く立ち並ぶ。我々が歩く位置から左手側、つまり東側に折れるとすぐ東京駅舎が見えてくることからも、ここが日本の中枢と言うべきビジネス街であることは間違いない。

それらの企業から交通機関での帰宅を諦めた人々が一斉に出てきているのだ。道はたちまち通勤ラッシュ時さながらの大混雑となった。

救いなのがほぼ全員が同じ方向に進んでいることであろうか。**流れに乗ることができていれば、周囲が混雑していてもさほど苦労はない。**

そんな中でTシャツ・トレーニングパンツの人を数名見かける。まさかこんなときにジョギングしているのかと閉口しかけたが、ジョギングの最中に帰れなくなっている可能性もあるのかと思うと、さすがに同情を禁じえない。

ここで、歩く人々の中に変化が訪れる。新しく歩く者が増えると同時に、道を曲がる者も出はじめたのだ。

ここで道を曲がる人々は**東京駅に向かうようだ**。歩いている人の約3割ほどが道を逸れてゆく。確かにどのような地域に帰るにしても、東京駅にいればどうとでも乗って帰ることができるだろう。

ただ、彼らが曲がって行った道から、新たな歩行者もまた加わってきた。人数としてはこれでプラスマイナスゼロといったところだろうか。

そんな彼らが話す言葉に新しい情報が混ざっている。

「……参ったよな、JR、今日終日運転見合わせなんてよー……」

近隣の企業で働くビジネスマンだろうか。どうやら東京駅から引き返してきて歩くことにしたようだ。

JRが終日運休だとすると、京浜東北線を利用しようとしていた我々にも影響が出てしまう。

我々もJRに乗るために東京駅あるいは使い慣れた有楽町駅で情報を得ようとしていたのだが、東京駅方面から続々と引き返してくる歩行者を見ると、今の情報はあながちデマでもなさそうだ。

となると、駅まで行かずにこのまま歩いて日比谷公園まで抜けた方が余計な道を歩かずに済む。

「行き先を変えよう。今から有楽町に行っても仕方がない」

苦渋の決断……といえるだろう。単に電車に乗れないというだけではない。ここから先の道のりを全て歩くと決めたようなものだからだ。

こんなことならば飯田橋で、あるいは九段近辺で一晩明かせる**ホテルを手配**した方が良かっただろうか。

そんな考えが一瞬頭をよぎったが、すぐに否と思い直す。

我々が飯田橋駅を出発したのは18時30分。道を歩きながら横目に見たメトロポリタンホテルはエントランスホールに大勢の人がいた。

全員が全員宿泊希望者ではないだろうが、折りしも金曜日ということもあり、あの時点でホテルに入っても既に満室となっていたと思われる。

また、運良く部屋が取れたとしても、逆に安心できずに帰宅したくなってしまうのではないだろうか。

いずれにしても見知らぬ場所にいるよりも、帰宅して、安心できる場所で体を休めたいという欲求が強く働いた。たとえそれが長時間歩くことになろうとも、だ。

こうやって歩いて帰ることが正解だとは思わない。かといって、パソコンや本棚、大型ラックが並ぶオフィスで情報も得られないまま余震におびえて夜を明かすのも、慣れないホテルの一室で震災のニュースをじっと見ながら眠れずに朝を迎えるのも、正しいと言い切ることができない。

ただ、ここまで来てしまったのだから、今来た道を戻るのも馬鹿馬鹿しく思える。

距離的にはあと4分の3といったところだろうか。道のりはまだまだ長い。

しかし、一歩ずつでも進んでいかなければ立ち止まったままなのだ、と自分自身に言い聞かせて、我々は半ば強制的に歩き続けた。

徒歩帰宅者。撮影者：Hikosaemon

3月 11 日当日の電車の運行状況

【運行を再開した路線】

小田急電鉄…小田急全線 00 時 05 分発表順次再開

東京メトロ…銀座線（全線）20 時 42 分再開

丸ノ内線（支線を含む全線）23 時 03 分再開

日比谷線（上野～中目黒駅間）23 時 32 分再開

東西線（高田馬場～妙典駅間）23 時 08 分再開

千代田線（大手町～表参道駅駅間）22 時 35 分再開

有楽町線（池袋～新木場駅間）22 時 15 分再開

半蔵門線（九段下～押上駅間）20 時 40 分再開

南北線（白金高輪～埼玉高速線内）21 時 20 分再開

副都心線（池袋～渋谷駅間）24 時 00 分再開

都営地下鉄…浅草線（西馬込～浅草橋駅間）21 時 00 分再開

三田線（三田～西高島駅間）21 時 15 分再開

新宿線（笹塚～本八幡）23 時 20 分再開

大江戸線（全線）21 時 00 分再開

京王電鉄……京王線（支線は未確認）23 時頃再開

京王井の頭線 23 時頃再開

東急電鉄……東急電鉄全線 23 時 27 分再開徐行運転

相模鉄道……相模鉄道全線 23 時再開

西武鉄道……西武鉄道全線 22 時 30 分再開

ＪＲ東日本各線…………終日運行中止

東武鉄道全線……………終日運行中止

京浜電鉄…………………終日運行中止

日暮里・舎人ライナー…終日運行中止

※ 2011 年 4 月 4 日現在、確認がとれる情報のみ掲載。

第三章

皇居前〜日比谷公園

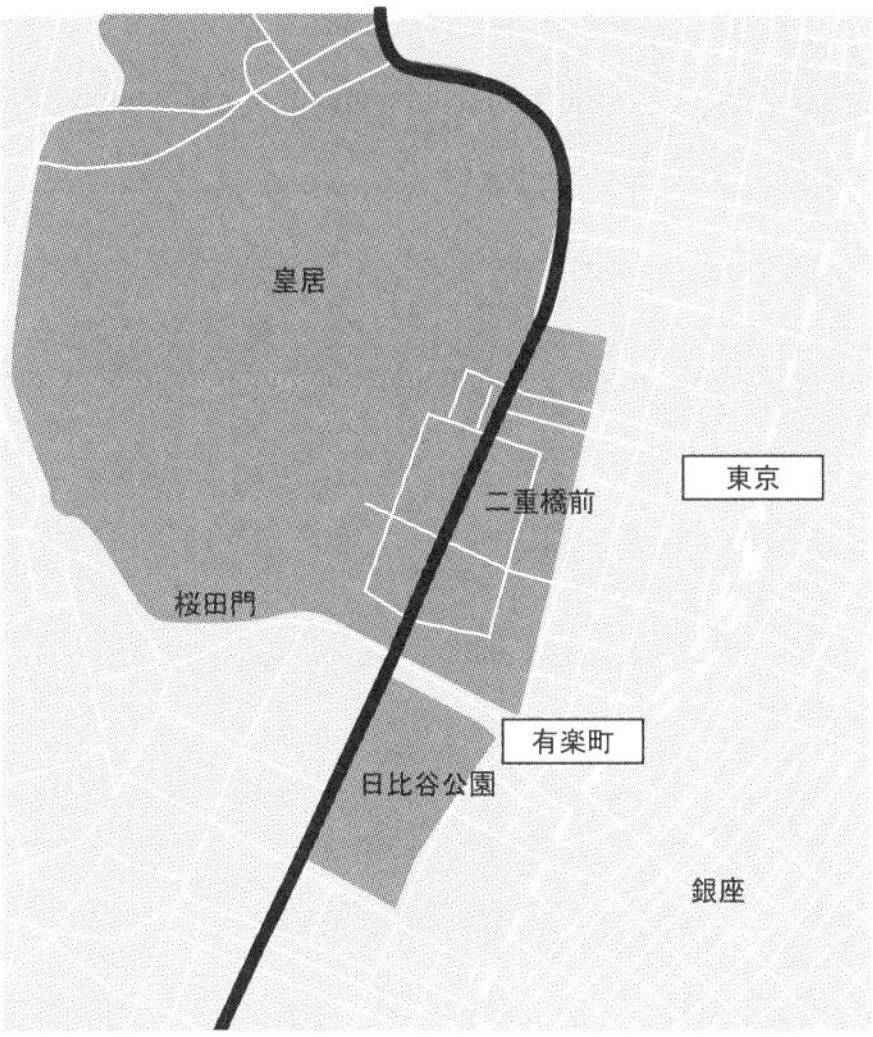

皇居前から日比谷公園まで約１km

【銀座の明かり】

人の流れに乗って皇居内堀の端まで来た。

歩きはじめて既に2時間を過ぎているが、思ったよりも早くここまで辿り着けたように思える。

日比谷公園手前の交差点で、当初は曲がるはずだった左方向を見る。

「ああ、明るいな……」思わず感嘆のため息が漏れた。この交差点を曲がると銀座の街である。

今回の地震や交通網の麻痺によってあの光の中も混乱状態にあるのだろうが、ここから見る銀座はいつもどおりの華やかさに包まれている。**その普段と変わらない姿が、少なからず混乱状態にあった我々の心を落ち着けてくれる。**

電車で1時間強の道のりを歩いて帰るという、通常では考えられないようなことを我々はしているのだ。落ち着いてなどいられないのは仕方のないことではなかろうか。

その中で、人は些細なことでも拾い上げて安心しようとする。それが我々にとっては銀座の明かりだった。

……ふと、我々の後ろを歩いている高年齢の男性と20代の女性社員との会話が耳を掠める。

女性はオフィスに泊まる覚悟でいたようだが、最後に社屋を出る男性に誘われて歩くことを決めたらしい。オフィスで朝を待つと決めたものの、一人、また一人と退社してゆき、最後に広いフロアに取り残されたとき、**残ると言ってしまったことを心から後悔した**そうだ。そこを、たまたま通りかかった男性に声をかけてもらってここにいるとのこと。

男性はその企業の上層部の人間らしい。ひたすら恐縮し、お礼を言い続ける女性に対し、優しく笑いかけていた。

女性の自宅は遠方らしく、**帰宅困難者を受け入れる避難所があればそこで夜明かしする**ようだ。たった一人で広いオフィスに泊まるよりも、誰かが近くにいた方が気分的に楽なのだろう。

また、我々の横を歩く女性三人は、なぜかずっとしりとりをしながら歩いていた。黙って歩き続けるよりも少しでも話していたほうが気がまぎれるとの考えのようだった。

銀座の明かりや上司のひとこと、同僚との言葉遊び……これらについほっとしてしまうのは心に不安が棲みついているからだ。

我先にと押し合うこともなく、整然と歩き続ける中でも、誰しもが不安を抱えている。

その中で少しでも不安にならないよう自分なりに努力することは、非常に重要なことではないかと思える出来事だった。

【東京タワーが見えない？】

日比谷公園を左に見ながら、道を南に進む。

木々が多く茂っているせいか、周囲は一段と暗く見える。いや、実際他の場所よりも暗いのかも知れない。

このあたりは省庁が立ち並んでいる。建てられた時期は定かではないが、どっしりとした造りのビルが多い。近年建築されるビルのように全面窓ガラスの造りではなく、デザインよりも機能を重視した重厚な建物が多いのだ。

窓が少ないことで光が外に漏れてこない。それが、この近辺が他の場所よりも暗く見える理由なのだろう。

だがそれ以外にも暗く見える理由が存在していた。

「……東京タワー、見えなくないか？」

そう言われてふと顔を上げる。この位置からは東京タワーが正面に見える……はずだった。

道の先にある空間に、あの光の塔はなかった。

「ビルの陰で見えないんじゃないか?」

だが、確かに正面の暗闇が殺風景な気がする。

そこにあるはずのものが見えない。これが意外にも我々の心に大きな不安を投げかけてきた。

車でこの道を通りかかるとき、確か目の前に東京タワーが見えたはずだ。……いや、今いるのは車道ではなく歩道だ。その微妙な位置の違いで、単に見えなくなっているだけか……それとも東京タワー自体が……まさかそんなことがあるはずない……。

言い知れぬ不安が雪のように少しずつ心に降り積もってゆく。

前を見ると不安が増すので、足元だけを見て歩く。自分の心には、暗くて足元が危ないから視線を下げるのだ、と言い訳をくり返している。そうでもしないと自分が滑稽に思えた。

たかだか**東京タワーの明かりが見えない**だけでどうしてこんなに不安になるのか。

その理由は自分でも気が付いていた。とにかく今という状況が普通ではないのだ。

普通の状況ではないから、なんとか普通のところを見つけようとする。いつもどおりの場所に現実を見つけ出そうと足掻いている。それは銀座の明かりを見て安心したことで説明がつく。つい数十分前に得た安心感と逆の感情が今働いているのだ。

だが頑なに足元を見ているのもこんな薄暗い状況では危ない話だ。何度か周囲の人とぶつかりそうになって、思わず前に視線を上げてしまう。

「……あれ?」

顔を上げて、ついぽかんとしてしまう。

思っていたよりも正面が明るい。目の前に、見慣れた光の塔が存在している。

あれほど捜していた東京タワーが、目の前にすらりと建っていた。

「あるじゃないか東京タワー」

なんだか肩透かしを喰らった気分で、思わず呟いてしまう。同僚二人も唖然とした様子で美しい光を見ていた。

このとき、東京タワーが何故見えなかったのかは分からない。本当にビルの陰になっていたのか、それとも東京タワー自体が消灯していたのか、原因も理由も思い当たらない。

ただ、そこに目標物があるということに、三人ともがほっとしていた。

そしてこのとき、東京タワーの先端が曲がって明かりが灯らなかったことを、我々は帰宅してから知るのだった。

歩行時の予備知識

【Googleマップのルート検索の活用】

Googleが提供するオンライン地図検索サービスでは、世界中の地図と衛星写真を閲覧することができる。

そのマップでは、現在地と目的地の場所名を入力すると、そこまでの行き方を車、徒歩、電車と様々な移動手段で表示してくれる機能が付いている。道路情報などを見ることができるので、一度自宅からオフィスまでの道のりを見てみるのも良い。

【歩く際のチェックポイントの作り方】

〈高いチェックポイントを作る〉

・東京タワーのように大きくて遠くから見つけやすいもの

・目標物は昼夜通して見えるものが望ましい

・道路標示のように大まかに方向の判断できるもの

〈低いチェックポイントを作る〉

・遠くからは見えないが、人の流れがあり、情報を入手できる場所。駅などがこれにあたる。

【3月11日帰宅支援をした場所】

・小中学校

・高等学校

・大学

（国立東京大学、早稲田大学、東京藝術大学など）

・各省庁

・東京都庁、市役所、区役所、税務署、ハローワーク

・収容人数の大きな建物

（東京ビッグサイト、国立代々木競技場等、幕張メッセ、横浜アリーナなど）

・ガソリンスタンド

・ホテル

（ウェスティンホテル、第一東京ホテルなど）

・お寺、教会

（築地本願寺、護国寺、増上寺など）

・日本赤十字社

その他にも、東京国際空港や有明テニスの森公園、恵比寿ガーデンプレイスタワー、横浜ランドマークタワー、京王百貨店新宿店など様々なところが開放されていた。

【インターネットが使えない】

東京タワーを正面に仰ぎ見つつ、ひたすら前へ前へと足を進める。

近くを歩いていたしりとりのOLたちも、上司と共に歩いて帰ることを決めた初々しい女性社員も、いつの間にか周囲からいなくなっている。既に我々を抜いて先に進んでしまったか、それとも途中の道で曲がっていったのか、その行く先は分からない。

今周りを歩いている人々は一人きりで歩いている人が多く、音楽を聴きながら歩いていたり、携帯電話の画面を見つめながら歩く人が多かった。

だが、携帯電話の画面を眺める人々の表情は暗い。地震発生から5時間過ぎたが、未だに**通話もインターネットも繋がりづらいまま**だった。

このため、人々は画面を眺めてもすぐにため息をつき、閉じてしまう。

地震直後は通じていた電話も、今はもう使えなくなっている。

これでは自分の無事を伝えたくても伝えられない。災害ダイヤルも、各携帯電話会社の緊急災害伝言板も、全ては電波が回復しないことには利用することもできないのだ。

これは我々にとってもひとごとではなかった。あの地震から5時間過ぎているにも関わらず、入ってくる情報はあまりにも少なすぎる。

このときまでに得た情報は、毎日新聞社前で受け取った号外の記事と東京駅から引き返してきたビジネスマンたちの会話しかない。携帯電話のワンセグも、電池切れが怖くて使えない。

この情報が洪水を起こしているような現代の首都圏において、今得られるのは号外の情報と人々の噂話のみだというのは、なんとも皮肉な話ではないか。

同時に、これだけ**発達したネットワークの脆さ**も思い知った気がする。普段なら、携帯電話のボタンを数個押すだけで簡単に情報が手に入る。パソコンがあれば更に広いデータが手に入る。急を要することなら、電話で問い合わせれば良い。例えば駅で待ち合わせして会えなくても、相手の携帯電話にメールの一本でも送ればすぐに連絡がつくはずだ。

それらの通信手段があの地震を境に大きく削られてしまった。目に見えない電波を消されただけで、人は戸惑い、立ち止まってしまう。

『大災害が起こったら、電話もメールも使えなくなる』

それは前々から言われていたことであったはずだ。しかし我々はその意味を軽んじ、代替手段を考えてこなかった。

「ここは三人でよかったのかもな」

思わずそう呟いてしまう。一人だったら恐らく不安に押し潰されてしまうだろう。

数人で行動することにも当然ながら悪い面はある。周囲に気を遣わなければならないし、自分だけのペースで歩くわけにもいかない。歩きづらい面は多々あるだろう。

それでも一人で歩くことの不安と孤独感に比べれば、少しの不自由さはなんということはない。

「……しりとりでもやるか？」

なんとも間抜けな言葉が口をついて出た。

だがしりとりも一人ではできない。誰かがいて、初めてできる気晴らしなのだ。

今ここでしりとりができるということはどれほど恵まれたことなのか、このときまで考えもしなかった。

そして、黙々と歩いてはいるが、先刻のＯＬをはじめ誰もが不安なのだと、このとき身に染みて感じた。

災害時の情報入手の方法

【ラジオ】

パソコン・携帯電話共にインターネットの情報はテレビ・ラジオよりも更新が遅いので、歩きながらでも聞けるラジオを持っているのがベスト。

ＮＨＫでは震度５弱以上の地震が発生すると、地上波、ＢＳからラジオまで全て同じ放送に切り替わる。主に被災地情報や、交通情報、停電情報、ライフラインなど一番知りたい情報がくり返し放送されるようになっている。

【携帯電話】

今回の震災当時、各社携帯電話のほとんどは使用できない状態となっていたが、無線ＬＡＮ（Wi-Fi）やSkypeは使用可能であった。iPadやスマートフォンなどWi-Fi対応の携帯電話と無線ＬＡＮ（Wi-Fi）環境が整っていれば、外でも情報が得られる可能性が高かった。

以下のサイトでは、台風や突風などの気象情報、地震情報などの災害緊急情報から、記者発表・公表資料、災害情報トピックスも参照できる。モバイル版もあるので事前にブックマークしておくと良いだろう。

＊原子力安全・保安院
緊急時情報ホームページ
http://kinkyu.nisa.go.jp/

＊総務省
http://www.soumu.go.jp/

＊厚生労働省
http://www.mhlw.go.jp/

＊国土交通省防災情報提供センター
http://www.mlit.go.jp/saigai/bosaijoho/

＊海上保安庁ＭＩＣＳ総合入口サイト
http://www.kaiho.mlit.go.jp/info/mics/index.htm

＊防衛省・自衛隊
http://www.mod.go.jp/

＊内閣府防災情報のページ
http://www.bousai.go.jp/

この他、河川・気象・地震・津波・火山・東海地震の各情報が提供される、国土交通省のモバイル版防災情報サイト（http://www.mlit.go.jp/saigai/bosaijoho/i-index.html）もチェックしておこう。

【PHS通じはじめる】

歩きはじめて既に3時間は経過しただろうか。そろそろ休憩を挟むべきだろうかという思いが湧き上がってくる。

「この先まっすぐ行ったT字路に東京プリンスホテルがある。そこで一休みさせてもらおうか」とはいうものの、この場所から東京プリンスホテルまではおそらくあと1時間ほどかかる。

東京プリンスホテルは今正面に見ている東京タワーのちょうど足元にある。ランドマークが大きいからついつい油断してしまうが、距離的にはまだ何キロメートルもある。この**距離感を見誤ると疲労が倍**になって襲いかかってくるであろうことから、距離についてはあまり考えないようにした。

ついつい、ため息が口の端から零れた。気が高ぶっているせいであまり気付かなかったが、さすがに体は少し疲れてきていた。

それは我々だけの話ではない。周囲の人々にも疲労の色が見えはじめている。

道の途中で立ち止まってしまったり、屈伸運動やアキレス腱のストレッチを行なったりしている人もいる。

中には我々よりも遠くからここまで歩いてきている人もいるのだろう。情報もない、連絡もつかない状態で歩き続けるにはかなりの精神力を消耗する。ここにきて疲れが出はじめるのも頷ける話だった。

電話もまだ通じそうにない。運がいいのか悪いのか、我々が所持していたのはdocomo・au・ソフトバンクという携帯電話大手3社のものだったが、この時点では**どの電話も通話不可能**な状態であった。

ところが、だ。

もう一台、プライベートで所持している電話機――willcom社のＰＨＳだけは状況が違っていた。

携帯電話が使えないのに、通話の面で機能が劣るＰＨＳが通話できるはずはない。そう思い込んでいて今に至るまで試していなかった。

それを、このときふとした気まぐれで自宅への通話を試してみた。すると……。

『はい、もしもし』

「えっ、なんで通じるの?」

思わず会話にならない言葉を叫んでしまう。

ＰＨＳでの呼び出しは何の問題もなくあっさりとつながってしまったのだ。

しかも、音質も固定電話と変わらない滑らかさで、雑音も一切入らない。

音質の高さは元からのＰＨＳの特徴だが、災害時に強いなどという話は今までに聞いたことがなかった。

携帯電話とは通信の状況が違うからだろうか。とにかく、我々が持っている**電話機の中で最も早く回復していたと言えるのはこのＰＨＳ**だった。

災害ダイヤルも伝言板も利用できない状況下で、ＰＨＳの通話は非常に嬉しいものだった。

その場で電話機を回し、自宅あるいは故郷で待ち続ける家族と連絡をとらせる。数分にも満たない通話であったが、これだけで皆の力が沸いてきたのもまた事実だった。

ちなみに、こちらからかけることはできても、固定電話からＰＨＳへの呼び出しは不可能だった。それでも、家族と連絡がつくようになったのは、今一番嬉しいニュースであった。

第四章

日比谷公園〜東京プリンスホテル

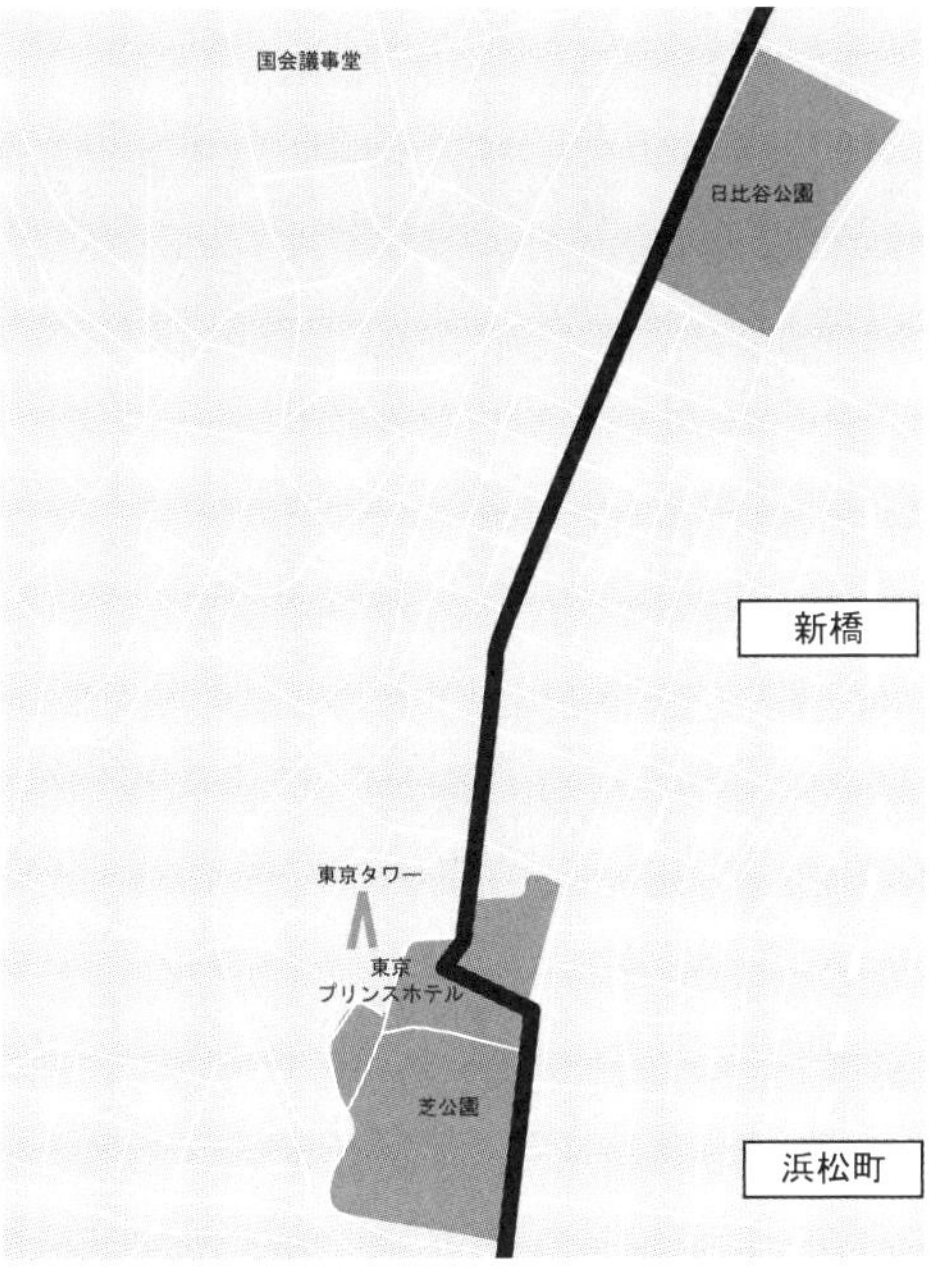

日比谷公園から東京プリンスホテルまで約2km

【ツイッターからの情報】

ＰＨＳの通話が可能になってほどなくして、携帯電話の状況も少しずつ良くなりはじめた。全社通話はまだできなかったが、インターネットやメールの状況はスムーズになっている。

ｗｅｂのトップページに上がっているニューストピックスは災害の惨状を伝えているが、首都圏についてのものは上がっていない。いや、上がっていたのかも知れないが、刻々と伝わる被災地の状況に流れてしまったのだろうと思われる。

ついでに、と最近爆発的にユーザーを増やし続けている**コミュニティサービス『ツイッター』**も覗いてみる。私自身は30人ほどのユーザーとしかやりとりはしていないが、それでも画面上にはこちらの安否を気にしてくれる書き込みが溢れていた。

ありがたいことに、その中には嬉しい情報も混ざっている。

「**23区内の避難所情報**があるよ」

ツイッターには他のコミュニティサービスにはない「リツイート」という機能がある。

通常、「ツイート」と呼ばれる会話のやりとりは、お互いに許可しあった者同士が行うが、良い情報や広めたいと思うツイートはボタン一つで他の人たち伝えられるようになる。それがリツイートという機能だった。

リツイートされた発言が良いと感じれば、それを見たユーザーは更にリツイートする。更にまたその先のユーザーがリツイートして……と、一つの発言は数々のユーザーを介して瞬く間に広がってゆく。

今回はそれを利用して、我々のところにも避難所情報が入ってきていたのだ。

この近くだと小学校や公民館、そして品川駅前の品川プリンスホテルが含まれている。

最悪、途中で歩けなくなってしまった場合は、そこまで歩けば雨風をしのげるくらいの場所は借りられるということだ。

これは長時間歩き続けていた我々に希望の光を与えてくれた。ニュースサイトを見ても、状況は分かるがローカル的な話題は入ってこない。今我々が欲しいのは被災地の画像ではなく、どこに行けば助かるのかといった、**直接的な問題に対する答え**なのだ。

この情報を受け、とにかく我々は東京プリンスホテルを経て、品川プリンスホテルを目指そうと心を固めた。しっかりとした目的地ができるということはこんなにまで心強いものなのだと改めて知ることとなった。

【緊急地震速報】

携帯電話の電波状況が回復しつつある中で、今度はそれに伴う問題が出てきた。

時間を見たくてふと携帯電話の画面を開いて唖然とする。新着メール数が60件ほどにまで膨れ上がっていた。以前から設定していた民間気象会社の**地震お知らせメールが一気に受信**されたのだ。

配信はおそらく地震のたびに行なわれていたのだろう。だが受け手側である携帯電話が受信できる状態ではなかったため、メールが溜まりに溜まってしまったようだった。

その一つ一つを確かめていたのだが、あまりに数が膨大すぎて見切れない。結局大半を未読のまま放っておくしか手はなかった。

そのときである。握りしめていた携帯電話から、**設定したこともない着信音が大音量で鳴りはじめた**。

あまりの音量と神経を逆なでするようなその音に一瞬ぎょっとする。慌ててサイドボタンを闇雲に押して音を止めるが、不快な音は小さくなりながらもまだ鳴り響いていた。

……いや、鳴っているのは自分の携帯電話ではない。**周囲の至る所からその音は聞こえてくる。**

思わず携帯電話を開いて画面を確かめる。普段どおりの待ち受け画面に、見慣れないアイコンが点滅している。


『緊急地震速報』


アイコンを説明する吹き出しにはそう書かれていた。

その直後、波に揺られるかのようなめまいがした。同時に周囲の電柱やビルの窓、シャッターがギシギシと軋む。地震が起こっていた。

緊急地震速報はこの揺れを察知して我々に報せてくれたのだった。

幸いにも揺れはさほど大きくなく、我々の周囲には被害はなさそうだった。

中には速報など全く気にせず、あるいは気が付かず、同じペースで歩き続ける人もいる。

緊急地震速報は携帯電話の機種によっては受け取れないものもある。今、顔色を変えずに歩いている人は速報に気付かなかったか受け取れなかったかのいずれかだと思われる。

携帯電話に緊急地震速報が入るということは話には聞いていたが、実際その場になってみると、速報から地震が来るまではさほど間がないことに気付かされる。事実、**速報を受け取っても立ち止まって呆然とすることしか我々はできていなかった。**

だが、全く必要ないかと問われると、恐らく我々はノーと答えるだろう。

少なくとも、速報が来ることで心の準備はできていた。

今回はたまたま大した揺れではなかったが、これが甚大な被害をもたらす揺れだとしたら、初動の数秒が命取りになる場合も十分にあり得るのだ。

ならばしっかりと速報を受け取って、揺れに備えたい。鞄の中に携帯電話を入れっぱなしにしていて気付かなかったということはできるだけ避けたい。

私はその場で携帯電話をズボンのポケットから更に取り出しやすいところへ移し変えた。

この時間までは全く使えないアイテムであった携帯電話が、にわかに心強い相棒に思えてきた。

緊急地震速報と地震アプリ

緊急地震速報とは、気象庁が中心となって提供している地震予報・警報。

地震が発生するとすぐに震源から近い地震計でとらえた観測データを解析し、震源や地震の規模を推定する。これに基づいて各地での主要動（地震の際、初期微動を感じたあとにくる大きな震動）の到達時刻や震度を予測して素早く知らせてくれるようになっている。

この緊急地震速報を受信し、列車やエレベーターを素早く制御させて危険を回避したり、工場や家庭などでも避難行動をとることによって被害を少しでも軽減させることが期待されている。

ただし震源に近い地域では速報が間に合わない場合があったり、震度に誤差を伴う可能性もあるので、過信しすぎずに緊急地震速報の限界についても理解しておかなければならない。

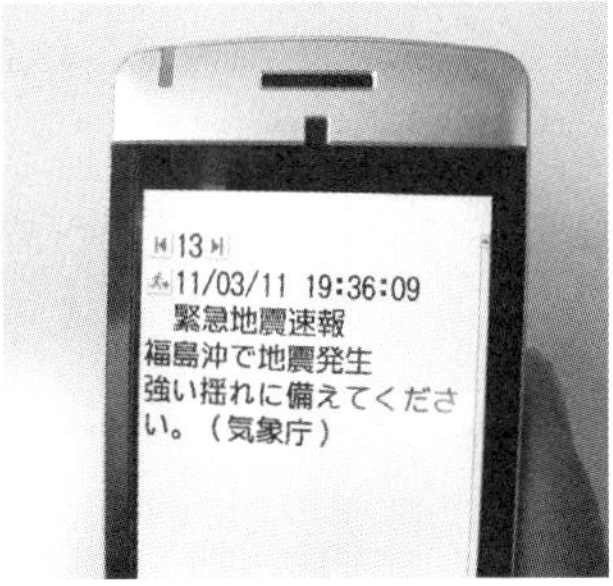

緊急地震速報画面

【地震アプリ】

・SignalNow Express

ストラテジー社の高度利用者向けの緊急地震速報専用受信ソフト。気象庁の高度利用者向け緊急地震速報を受信し、予測震度・到達秒数を計算し、報知音と表示で知らせてくれる。通知する地域の設定・震源地マグニチュードや所在地推定震度がどれぐらい以上であれば通知するかという設定が可能となっている。

パソコン用で、カエルがデスクトップ上で速報を教えてくれる。

・なまず速報β

今まで起きた地震の情報を確認できるアプリ。緊急地震速報に対応していないAndroidスマートフォンの利用者におすすめ。

【歩道橋の上で】

国道301号線をさらに南下し、虎ノ門・愛宕を過ぎる。この辺りはビジネス街であるからか、蕎麦屋や居酒屋が多い。普段なら金曜日の夜は大賑わいなのだろうが、今日は帰宅を急ぐ人々が道に溢れているだけで店の中は閑散としていた。

時間は20時近くなっている。夕飯時であるにもかかわらず多くの人が店の明かりには目もくれず歩くことを選んでいる。それが一刻でも早く帰りたい心の表れのようで印象深かった。

車道は相変わらず混んでいて、全くといって良いほど進まない。たまに動いてもすぐに詰まってしまう。結局車と歩行者のスピードはほぼ一緒の状態となっており、タクシーに乗る人が歯痒そうな表情を浮かべている。同じ速度なら自由に横道に入れる分、歩いていた方が良いのかも知れない。

だが、徒歩には徒歩なりの難点もある。歩くことによって起こる体力の消耗や、道の途中で現れる坂道や階段などの**『歩きづらい場所』**だ。

今も目の前に歩道橋が立ちはだかっている。長時間歩いてきて、いきなり階段を上らされるのは精神的にも肉体的にもきついものがあった。

東京慈恵会医科大学附属病院（通称慈恵医大病院）という大医療施設の横なのにバリアフリー対策がなされていないとはどういうことか、と普段は気にも留めそうにない構想をぶち上げそうになったとき、ふと横のビルに歩道橋直通のエレベーターが設置してあることに気が付いた。

階段を上らなくていいならこんなに嬉しいことはない。我々は開いた扉にすぐに飛び乗った。歩道橋の上まではちょうどビル2階の高さだ。エレベーターはすぐに到着して、我々を歩道橋の上へと運んでくれた。ほんの少しだが楽をできたことにお徳感を感じながら歩道橋を歩くが、ちょうどその真ん中でとてつもない恐怖感に襲われる。

体が、足元が、微弱な揺れを感じている。

地震なのか、歩道橋を歩く人の振動が伝わっているのか、揺れの原因は分からない。

だがもしこれが本当に地震で、例えばもっと大きな揺れであったとき……そんなときにもしエレベーターに乗ったままでいたのなら……

急に背筋が寒くなった。どんな状況であれ、**エレベーターには乗るべきではなかった**のだ。

通常ならそれは常識として頭に浮かぶことだろう。現に我々もオフィスではエレベーターを使うなどという考えは一切浮かばなかった。

その気持ちが緩んでしまったのは疲れが原因だと言わざるを得ない。

ちなみにこの歩道橋、反対側の階段にはエレベーターがついておらず、別のビルへの移動ができるだけの渡り廊下的な意味合いのものとなっており、車椅子の人が上ってもそのままでは下りられない状態になっていたのだが、もう先刻のバリアフリー推進論をぶち上げる気にはならなかった。

それよりも今は、思った以上に疲れてしまっている自分自身の心と体を早く休ませることだけに思考が動いて、他のことなど考えていられなかった。

第五章

東京プリンスホテル～品川

東京プリンスホテルから品川まで約４km

【最初の休憩】

慈恵医大病院前を通り過ぎると、ほどなく東京タワーのお膝元・芝公園へと辿り着く。ここに、『休憩所』と我々が設定した**東京プリンスホテル**がある。

都会の中心にありながら緑に囲まれた閑静さが魅力のホテルである。その言葉どおり、こんな騒ぎの中にあってもホテルは静かな佇まいを見せていた。

普段着のセーターとジーンズ、スニーカーという、ホテルに入るにはあまり褒められた格好ではないが、今はそんなことも言っていられないのでロビーに入らせてもらう。

すると、我々と同じ考えの人々と大勢出くわした。

誰もが不安そうな表情で、笑顔はどこにも見られない。ロビーの端には外国人と思われるグループが大きい荷物を抱えて寄る辺なく立ち尽くしている。**旅行中に被災**してしまったのだろうか。

古いながらも落ち着いた雰囲気のロビーは、常設のソファーに加え、式場で使用する白い椅子がたくさん並べられていた。我々のような帰宅困難者のためにホテル側が用意してくれたもののようだ。我々もその椅子をお借りして休憩を取らせてもらうことにした。

コンビニエンスストアで買った水とクッキーで軽く栄養補給をする。歩行中はさすがに食べる気も飲む気も起きなかったが、クッキーの甘さが安心感を与えてくれる。

また、少々並んだが**トイレもお借りしておく**。あまり行きたい気分ではないが、次にいつ行けるかが分からないので行けるときに行っておいた方が良いだろうという判断からだ。

そして、念のために会社の医療箱から持ち出した湿布を膝に貼った。

元々半月板と下の骨との間の軟骨が擦り減っていて痛むことがある膝である。今はまだ痛み出していないが、硬いアスファルトの上を長時間歩くことでいつ痛み出すか分からない状態にあった。それならば今のうちに貼っておいても問題はないはずだ。

水を飲み、クッキーを食べてひと落ち着きしたところで、先ほど覗いたコミュニティサイト・ツイッターをもう一度開く。

そして、入力画面から文字を打ち込んだ。

『帰宅難民なう。でも無事だよ。心配してくれてありがとう』

書き込みボタンを押すと、その直後からまたメッセージが入る。

『無事でよかった！』『今どこ？　歩いてるの？』『余震が多いから気を付けて』などなど……。

１４０文字の制限の中でも暖かい言葉ばかりだ。

あまり電話の電池を使うわけにもいかないのでそれぞれのメッセージへの返信は控えたが、この言葉にどれほど勇気付けられたことだろう。不覚にも涙がにじむ思いがした。

道のりはここでちょうど半分というところだろうか。あと半分歩かなければならない。

20分ほどの休憩を経て、できうる限りの体と心のメンテナンスをしたところで、我々は再び歩き出した。

ストレッチと湿布の貼り方

【簡単なストレッチの方法】

帰宅難民となった人のなかには長距離の歩行をした人や、避難所で長時間同じ姿勢で過ごした人も多かったはず。体のためにも、そして気分転換のためにもストレッチをしてほぐしておこう。

★ストレッチの注意点

・心身共にリラックスしながらやること
・反動をつけずゆっくり伸ばし、痛みがでるほど伸ばさない
・ストレッチ中は息を止めず軽く息を吐きながら行う
・足が痛い人やふらつきのある人は椅子に座って行おう

①背筋をまっすぐ伸ばし、右足の太ももか膝を両手で抱えてお腹に近付ける

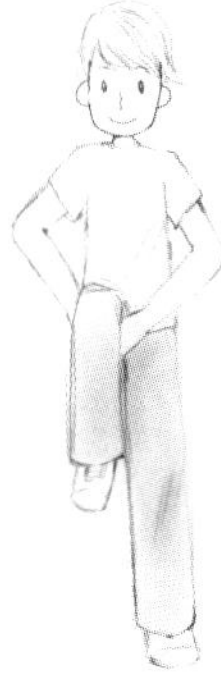

②左側も同じように行う

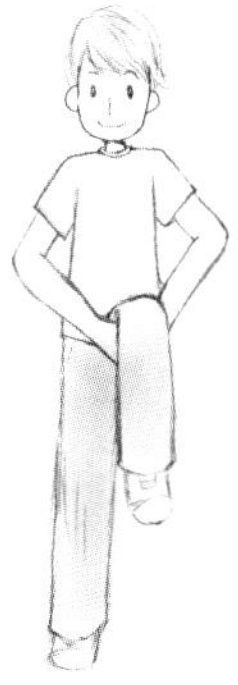

①足を肩幅に開いて、ゆっくりと両足かかとを上げ下げする

【湿布の貼り方】

①湿布を少しずらして二つに折る。中央に2~3センチほどの切れ目を入れる。

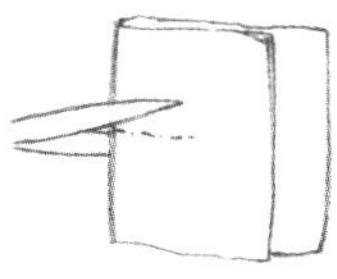

②横にひっぱりながら膝の頭を穴から出すようにする。切れ目を中心にして短い方を下にして十分に伸ばして膝全体に貼る。

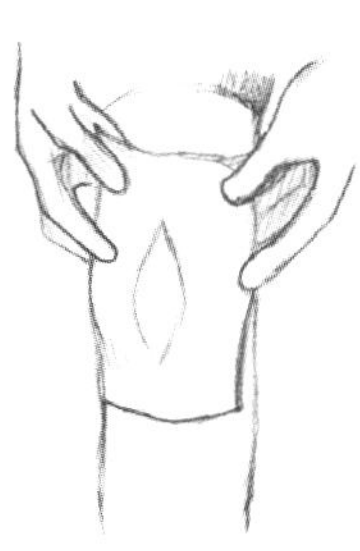

【日比谷通りから第一京浜へ】

東京プリンスホテルを出て日比谷通りへと向かう。

東京タワーの足元を通り、赤羽橋・札の辻へと抜けるコースと迷ったが、歩道の広さを考えて**歩きやすい日比谷通りを選んでみた**。いずれも国道15号線（第一京浜）へと抜ける道だから、どちらを歩いてもさほど距離に差はないだろうと考えてのことだ。

だが、歩きやすい道の分だけ、人通りも多くなった気がする。

今となってはどちらが良かったのかは分からないが、日比谷通りを抜けるコースは**隣の人と肩が触れそうになるほどの密集ぶり**であった。

こちらの車道も渋滞して動かない。大きい道路が多いせいか、そこかしこから緊急車両のサイレンが聞こえてくる。が、何台か見た消防車や救急車は渋滞のせいで先に進めなくなっていた。

大災害のときは車は道の端に寄せて避難する、とは教習所で習うことだが、今回東京で発生した震度5強の揺れは大震災であるとは誰も認識しなかったのだろう。**運転できる人間が一斉に車を動かした**ことで、東京の全ての道が詰まってしまったようだった。

日比谷通りをそのまま進むと徳川将軍家の墓がある増上寺に辿り着く。ちょうど今年の大河ドラマの主人公がここに眠っていることもあって観光客も多い場所だが、21時近くなった今では重厚な雰囲気の三解脱門を見せるのみだ。

さらに進むと増上寺の建物がライトアップされているところがある。背後に東京タワーが見えるこのポイントは本来ならば美しい夜景が見られる場所として人気なのだろうが、今日は立ち止まる人すらいない。

途中いくつかの**地下鉄の入り口を見つけたが、すべてシャッターで閉ざされている**。復旧の見込みが立っていないのだろう。

それを見て肩を落とし、また歩き出す人々がいる。その足取りは重い。

誰もが歩くことに疲れを隠せなくなる時期だった。

首都高速・芝公園の出入口封鎖。撮影者：ajan

【裏道を通る】

日比谷通りから国道15号線へと曲がると、歩く人はさらに多くなった。歩道はもう人がいっぱいで、流れに上手く乗らないと周囲の人とぶつかってしまう。まだ半分ほどの距離が残っているため、できればペースを落として歩きたいのだが、周囲の状況がそれを許してくれない。

その混雑はＪＲ田町駅でさらにひどくなった。

「裏道に入ろう」。我々の中の一人が言い出す。聞くと、この駅の近くに母校があるため道に詳しいそうだ。

誘導されて表通りから一本内側の道に入る。飲食店が多く並び、裏道といいつつも暗さはなかった。むしろ店が多い分、この裏道の方が活気付いているようにさえ見える。

まだ明かりがついている店もあるが、既に照明を落とし、閉店した店もある。時間は21時。金曜日の夜とは思えない寂寞《せきばく》感が漂う。

普段はこの道も人通りが多いのだろう。だが、そこを通る人は大抵ＪＲ田町駅の利用者だ。我々同様、他の駅から徒歩でここまで辿り着いた人間はどこへ出るかも分からない裏道に回ろうとは思わないだろう。

そんな理由からか、案内された裏道は表通りよりも空いていた。道に面する居酒屋の店員が客引きに出ていても邪魔にならないほどの空き具合だ。15分ほどの短い裏道だが、それでも歩きやすさは重要だった。

もっと詳しく道を知っていれば裏道に回るのも有効だろう。人波に押されながらペースを乱されて歩くよりも、その方が体力の温存もできる。もちろん、その裏道も知らないことには回ることはできない訳であるが。

だが、**迂回路に関してはあらかじめ調べておく必要があると強く感じる。**

今回は歩道が不通になることはなかったが、もっと大きな災害に見舞われた場合、**普段は通れる道が通行不可能となる**こともある。特に橋などは崩落することさえあり得る。

そうなった場合、大袈裟な話ではあるが、大通りしか調べていないとその場で迷子になってしまう。帰宅難民ですら厳しい状況なのに、帰宅遭難者になるのは勘弁してほしいところだ。

徒歩で帰宅を決めた際には、大通りだけでなく、可能な限り裏道も調べておいた方が良いと、私はこのとき歩きながら考えていた。

【キャリーバッグは有効？】

初詣もかくやというほどの人ごみの中でもう一つ周囲の人々に避けられている存在があった。トランクに引くための持ち手が付いた、**キャリーバッグ**という鞄だ。数年前から爆発的に流行し、安価なものまであることから旅行などのちょっとした荷物運びに便利なアイテムである。それが、この人ごみの中で困った存在となってしまっている。

キャリーバッグはグリップを後ろ手に持ち、鞄全体を傾けて引くことで持ち運びができる。バッグの下には車輪が付いているため、重い荷物でも楽に運べるという利点があった。

だがこの混雑状況ではキャリーバッグ独特の運び方に問題があった。

鞄は持ち主に引かれて運ばれる。前を向いて歩く持ち主からは鞄がどの位置でどう引かれているのかは見えない。このため、鞄が何かにぶつかりそうになっても気が付かないのだ。

近年、このキャリーバッグによる事故が多発しており、利用者の多い駅や空港では注意を促す呼びかけが頻繁に行なわれている。混雑の予想されるデパートや展示会の会場などでは最近持ち込みを禁止するところまで出てきた。そんな危険性があるキャリーバッグをこの混雑で運んでいる人が何人もいるのだ。

運んでいる本人にももちろん事情があるだろう。旅行の最中に巻き込まれてしまったのかも知れない。だが、それとは別に自宅に、あるいはオフィスにキャリーバッグを置いてきても大丈夫だったのではないかと思われる人も何人か見かけた。

人ごみの中でのキャリーバッグの使用は大変危険であるように思われる。周囲の人々も歩きづらくなるし、何よりも持ち主自身がこんな状況で狭い道を歩かなければいけないのだ。キャリーバッグを引きずっている人は文字通りの「重荷」となってしまっているのではないだろうか。

歩く際の手荷物は軽いに越したことはない。可能な限り手ぶらで歩くのが一番だ。置いてこられないキャリーバッグなら仕方がないと割り切るしかないが、もし置き場所があるなら持って出ない方が断然良い。日数がかかっても良いなら、近くのコンビニエンスストアで宅配便として自宅に発送してしまうのも一つの手段だろう。

手荷物は最低限のものだけ――何があるか分からない状態であるからこそ、いらないものは持たないように心がけたいものである。

【帰宅難民避難所へ】

国道15号線を南下し続けると、左手のビルの合間に広い空間が見えてくる。

ＪＲ山手線から東海道新幹線まで、各上下線の線路が平行に走っているため、遠目からは広大な空き地に見える場所がある。これが見えてきたということは品川駅がもう近いということだ。

企業のオフィスが数多く存在する品川駅からはまた一段と多くの人々がこの人波に加わるのだろう。そうなると道はさらに歩きづらくなる可能性がある。その前に我々はもう一度休憩を取って少しでも体力を復活させることにした。

休憩場所は、品川プリンスホテル。品川駅高輪口の真正面に位置するホテルで、映画館や水族館などをはじめ、レジャー施設も数多く併せ持つする一大スポットだ。

ツイッターからの情報ではここが帰宅難民の受け入れ場所とのことだった。夜明かしをする人には毛布なども貸し出してくれるらしいので、三人の状況を見て、最悪の場合はここで電車の復旧を待っても良いだろう。

そんな軽い気持ちで訪れた同所だったが、ロビーに入った途端、**我々の考えが甘すぎたことを**

思い知る。先にトイレを借りようと自動扉をくぐった途端、そこから先に進めなくなったのだ。

人がたくさんいる、という言葉では表現しきれない。ロビー、通路、宿泊の受付をするためのフロント前……全てが人で埋まっている。あらゆる壁際は人が座り込み、ホテル側から提供されたのであろうタオルや毛布が絨毯や大理石の床の上に敷かれている。また、それでは既に足りなくなって、ロビーの中央やレストラン入口のカウンター前にまで人々は座り込んでいる。

通路は人が通れるほどのスペースは空けてあったが、そこには今日宿泊予定だった人々がチェックインをするために大行列を作っている。その列は新館と旧館を結ぶ連絡通路を全て埋め尽くし、外にまで延びそうな勢いだ。

立錐の余地がないとはまさにこのことだろう。これでは新たな帰宅難民が休憩場所を求めても入れそうにない。

トイレの列も30メートルほどになっているだろうか。列の先頭にあるトイレはたしか4つほどしかなかったはずだから、この列に並んでしまったら1時間以上の足止めを喰らってしまう可能性がある。……これでは**夜明かしどころか座る場所すら確保できそうにない**。

それだけではない。入口正面にあるロータリーには続々と観光バスが停まり、乗客を降ろしている。今日宿泊予定の観光客が宿に到着しはじめたのだ。

恐らくこの観光バスも渋滞にはまって大幅に遅れての到着となっているのだろう。本来ならば夕方あたりに到着して、ホテルのレストランで夕食を楽しむ予定だったのかも知れない。だが、レストランも今日はもう閉店となり、ロビーは避難者で溢れている。とても食事どころではない状況だ。

時間もちょうど21時30分。**ずっと歩き続けた人々はそろそろ疲れが体に出る頃**だ。そんな時間も重なって、この場所に避難者が集中したことも大混雑の原因となっているのだろう。我々もここにいては逆に迷惑がかかってしまう。休憩を取るのは諦め、早々にホテルを出ることにする。

避難所を利用し夜明かしを希望するなら、早い時間に入った方が良い。歩けるだけ歩いてから避難場所を確保というのは至極甘い考えだ。

実際、我々がホテルを出る段階になっても避難者は続々とやってくる。そして皆一様に芋洗い状態のロビーを見て、呆然とするのだ。

『品プリなう。避難所はもういっぱいで入れない。リツイート希望』

ホテルを出る直前に、ツイッターへ書き込む。この情報がリツイートで広く伝わってくれることを心から願っていた。

第六章

品川〜立会川

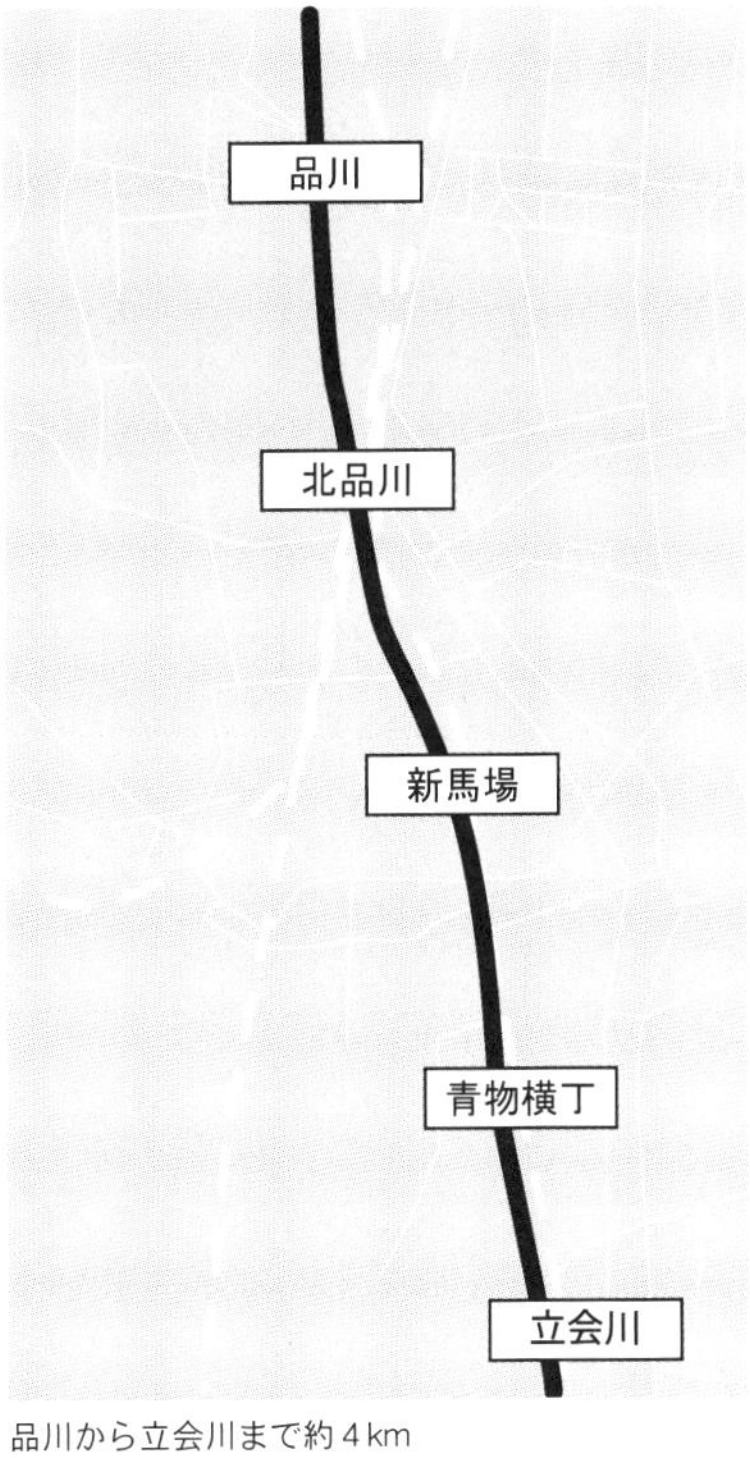

品川から立会川まで約４km

【コンビニ・公衆電話・自動販売機】

品川駅を過ぎ、八ツ山橋の交差点までくると、周囲の風景が様変わりし少し暗くなった印象を受けた。車線が4車線から2車線に減少したことに加え、街灯の数も少なくなったことがその理由に挙げられるだろう。

ここから先は**京浜急行線の線路に沿って歩く**ことになる。京浜急行の沿線は昔からこの地域に暮らしている人々が多く、個人商店や住宅が多い。今までは企業ビルが多く立ち並んでいたのに対して、この地区は一本裏道に入ればもう閑静な住宅街となる。これも今までの道よりも薄暗く感じる大きな理由の一つといえた。

周囲が暗くなってきたことでひときわ目立つところがあった。沿道に店を構えるコンビニエンスストアだ。店内には大勢の客が並んでいるが、おにぎりやパン、カップラーメンといった棚はもう空っぽになっている。それでも客は並び続け、入口では店員が入場規制まで行なっていた。この時間になって食料品の入荷でもあったのかと不思議に思ったが、よくよく見たら人々は会計に並んでいるわけではなかった。

「トイレを貸してくれてるっぽいぞ」

見ると、入口のガラス戸には手書きのマジック文字で「**トイレ使えます**」と書かれている。

その上には**災害時支援店を示すシール**が貼ってあった。

また、入口横にある公衆電話には10人ほどの列ができていた。

こんな携帯電話全盛期の時代に公衆電話が行列になるなんて、と呆気にとられるが、これもそうではない。小耳に挟んだ話だと**災害時には公衆電話は無料で使える**ようになるとのことだ。

ただ、良くも悪くも携帯電話全盛期の現代である。大事な連絡先は全て電話帳登録してあるため番号を記憶していないと嘆いている人も中にはいた。結局、携帯電話の電池が切れてしまった場合は公衆電話が無料化されていても電話をかけることができないのだ。

今は携帯電話の赤外線通信などで連絡先を相手に簡単に渡せるようになったが、今回はそれが仇になったというべきだろう。手で書き込むことがなくなり、ボタン一つで電話がかけられるようになったから、番号を記憶する機会がなくなってしまったのだ。

こんなことがない限り思い付きもしないが、万が一に備えて、大事な連絡先は手帳などに書き込んでおいたほうが良いのかも知れない。そうすれば、携帯電話が通じなくても、また、電池が切れてしまっても、公衆電話から連絡を取ることができる。相手が通じなくても、災害伝言ダイヤルを利用して自らの状況を伝えることができるのだ。

実際、公衆電話の前で立ち止まってても悔しそうに立ち去る人を何人も見かけた。恐らくどこかと連絡を取りたくても取れない人なのだろう。電話番号の控えがあるかないかで安心度も違ってくる。電話をかけられないで立ち去る人々の足取りは重かった。

その先の自動販売機でも数人の行列ができている。コンビニエンスストアで買うことなく、商品の選択が狭まる自動販売機を利用するとは珍しい、と思いつつ眺めていたが、どうやらお金を入れなくても商品が出てくるようになっているらしい。

これも地震による故障なのかと思いきや、機械の側面にシールが貼られている。

『緊急時飲料提供ベンダー』……つまり、災害などの緊急事態が発生した際、飲み物が無料で提供されるというシステムが付いた自動販売機なのだ。

無料でもらえるとあって我々もつい並びそうになるが、やめておいた。鞄の中には歩きはじめる際に買った水がまだ残っている。一口しか飲んでいないペットボトルを所持しているのに、これ以上の飲料水は邪魔になるだけだ。

普段は何気なく見ているシールやポスターの中にも、防災を意識したものはたくさんある。今見たコンビニエンスストアの入り口と自動販売機のステッカーも、以前から貼ってあったのに我々が意識的に見ていなかったものだ。

それがこの災害で生かされることとなり、初めて存在を知る。今まで通ってきた道にも、至る所に災害時支援のステッカーが貼ってあったに違いない。

今日のような非常時にはそれを知っているか否かで行動が変わってくる。そこに、普段からの防災への関心度が問われることになる。

今見たステッカー以外にも支援を示すものは多く存在しているのだろう。ただ、見る者がその意味を理解していなければただの飾りシールでしかなくなってしまう。

この数分で気付いたステッカーは2枚。防災関連に関わらず、各施設で貼られているステッカーの意味を知っておく必要がありそうだ。

災害時には、徒歩帰宅する皆様を支援します。
災害時帰宅支援ステーション
During a natural disaster, we will assist those who have to walk home.

災害時帰宅支援ステーション

このステッカーの貼ってある店舗では、災害時に「水道水」「トイレ」「道路情報などの情報」を提供し、帰宅困難者を支援してくれる。

【歩きづらい道】

品川から先、車線が狭くなった頃から、歩道にも変化が出ていた。今までは平坦と思っていた道の至る所に起伏が出てきたのだ。坂での起伏ではない。例えば横道が歩道を遮る際や電柱の手前、ガードレールの近くなど、アスファルトの地面が斜めになっていたり、ひどいときは段差に近い状態になっている。その微妙な傾斜に足をとられ、足首が内側に曲がってしまうこともあった。品川より手前の、皇居近辺や芝周辺に比べ、歩道の整備が甘いのだ。

また、歩道の道幅もだいぶ狭くなっている。今までは四人ほど並んで歩いていても気にならなかったのに、今は二人並ぶだけで窮屈さを感じる。

舗装状態や道幅でこんなにも歩きづらくなるものかと辟易したが、その影響はすぐに足に来た。**歩きづらい分だけ疲労が早くなっている**ようだ。

そう気が付いたのは道の状態を意識しはじめてすぐのことだった。足が違和感を訴えはじめたのだ。

最初はふくらはぎが引っ張られる感じがした。それからしばらくして、足の裏の、指の下辺りの皮が浮いているような感覚が目立ってきた。

「ウォーキングの際は20キロメートル地点がひとつのポイントになる」と何かの本で読んだことがある。だが、地図上の距離から考えると、この辺りはスタート地点から15キロメートルほどのところではないだろうか。

そんなことを意識しはじめたからなのか、それとも疲労からなのか、今まで気にしなかったことが段々と気になるようになってきた。

まず初めに気になったのは**荷物の重さ**だった。オフィスで可能な限りいらないものは置いてきたつもりだったが、何が入っているのかと怒りを覚えるほど鞄が重く感じる。ふと中身を見て閉口する。一番重いと感じたのはペットボトルの水、そして飯田橋駅で購入した折りたたみ傘だった。どちらも必要性を感じて購入したものだったが、今は投げ捨てたくなるほど邪魔なものに感じる。

そして、肩かけ鞄にも不便さを感じる。鞄は歩きはじめから紐をできるだけ長くしてタスキがけにしていた。両手が自由になるし、悪くないかけ方だと思っていたが、片側だけにバランスが傾くことに苛立ちを感じてしまう。

そして、歩きやすいはずのスニーカーにも不具合が出ていた。スニーカーはスポーツシューズをメインに手がける有名シューズメーカーのものであったが、玄関先で脱ぎ履きしやすいように、と靴紐を緩めにしていたのだ。

靴紐をいちいち結び直さなくても良いようにと横着したのが裏目に出た。紐が緩いことで足首と靴の固定が甘くなり、中敷きが足裏に擦れてしまったようだ。

摩擦熱による軽い火傷……足裏に感じる痛みは、まさに火傷のそれに似ていた。

もし、最初の一歩から靴紐をしっかりと締め、鞄は両肩に背負えるリュックサックに、水もサービスサイズの５３０ミリリットルなどと欲張ったものではなく３５０ミリリットル程度の物を所持していたなら、疲労の度合いは今と違っていただろうか。

のちのち一人で歩くことを考えて気晴らしに音楽を聴けるようにとＭＰ３も持ってきていたが、今となってはこれも邪魔でしかない。

これらのことを考えると、何の準備もしていない人がいきなり歩くと決めたとき、**疲れが一気に襲いかかってくるのは20キロメートル地点ではなく、15キロメートル地点**なのではないだろうか。もちろん、これは歩く人の状態によっても違ってくる。普段から運動をして、歩くことに慣れている人なら20キロメートルどころかもっと遠くまで歩いて行けるだろうし、逆にピンヒールで歩いている女性は、早い段階で立ち止まっているかも知れない。人によってその距離はまちまちだろうが、いずれにしても、15～20キロメートル地点があらゆる意味でのポイントとなることはまず間違いない。

小さな選択ミスが大きな負担となり、疲労がピークに達する。それがこのポイントであると言い切ることができる。

正直言って、ここまで来て突然体力がなくなるとは考えてもいなかった。体力は下り坂のように緩やかに減っていくものだと思い込んでいたからだ。

だが実際はこの地点に来て急に何もかもが辛くなりはじめた。もうしりとりで気を紛らわそうとも思わない。

道の悪さに疲労も重なって、我々の足取りはさらに重くなった。

でこぼこ道。

【携帯電話充電切れ多発】

この15キロメートル地点で我々以上に大きな問題が圧しかかった人々がいる。**携帯電話で地図やナビゲーションソフトを使用していた人々**だ。携帯電話で道を調べながら歩いて来たのは良いが、ここに来て充電切れを起こしはじめたのだ。

携帯電話でカーナビゲーションなどのアプリを使用した人なら一度は経験したことがあるのではないだろうか。これらのソフトは常に通信を行ないながら使用者に道順を教えるので、通常の何倍もの電池を使用するのである。

恐らく彼らも騙し騙し使用していたのだろう。それでも容赦なく電池切れは訪れる。地図がなくなってしまったら彼らは見知らぬ土地で右も左も分からないまま放り出されてしまう。

今まさにその状態に陥ったと思われるビジネスマンが、交差点で右往左往している。

もう一つ先の交差点には交番があるが、そこでは道を聞く人が入れ替わり立ち代わり警察官を捕まえては地図を見せてもらっていた。

だがこれは年齢が若い人ならではの行動力だ。**年齢が上がれば上がるほど行動の幅は狭くなっ**

てくる。

現に、道沿いのビルやマンションの入口で座り込んでしまった高齢者や、植え込みの段差に足をかけて脛をマッサージする熟年層の人をところどころで見かけるようになっている。座り込んでいる高齢者同士の話に耳を傾けると、車道の案内板を頼りにここまで来たがもう歩けそうにない、ここで夜明けを待って電車が動くのを待つ、とぼそぼそ言っていた。

3月とはいえ今年はなかなか暖かくならず、夜ともなれば今よりももっと冷え込んでくる。こんな吹き晒しで過ごしたなら病気にだってなりかねない。

何か我々でも手助けできないか……と考えあぐねていたら、横を歩いていた若い男性が高齢者達に話しかけ、携帯電話の地図を見せはじめた。

「ここじゃ休めないでしょう。この先の中学校が帰れない人のための支援をしてくれているみたいですから行ってみてください。歩いて10分ほどだからもうちょっと頑張って」

その男性の携帯電話には**災害時に利用できる「帰宅支援マップ」**というものが入っているとのことで、そこには帰れなくなった際に利用できる帰宅支援施設の場所も表示されるらしい。慌てて我々も自分の携帯電話を確かめてみる。私の携帯電話にはなかったが、同僚が持つ電話のデータフォルダの中に「災害ナビ」という項目があった。彼はこれを利用してあらかじめ登録されている避難所を調べていたようだ。

声をかけてもらった高齢者達は携帯電話の地図を見て「インターネットが使えるとこんなことも調べられるんだね」と感心しきりだ。高齢者達も携帯電話を持ってはいたが、どうやら機能を制限されたものらしい。数年前に高齢者向けに発売された、通話限定の簡単携帯電話だ。

今まで携帯電話を敬遠していた高齢者の間で普及し人気となった機種だが、機能を制限して分かりやすくなった反動がここに出た。

だが**機能があってもそれを知らなければ意味がない**。今まで自分の携帯電話に災害時の支援マップが入っていることすら知らなかった我々がまさにその典型だ。

これについては我々も反省しなければならないだろう。携帯電話を買ったとき、必ず取扱説明書は付いてくる。そこに災害時についての記述も入っているはずだ。だが、私も同僚二人も、それを見た憶えはなかった。それどころか取扱説明書のボリュームに見る前からうんざりし、読むことなく放り出していた。取扱説明書は今も部屋の隅に投げ出してある。

我々が気にも留めなかった機能を熟知し、なおかつ電池切れの危険をかえりみずに他の人の役に立てようとした彼の行動は賞賛に値する。対する我々は電池切れを恐れるあまり携帯電話を使おうともせず、ただおろおろするだけであった自分の姿を恥じるしかなかった。

第七章

立会川～自宅

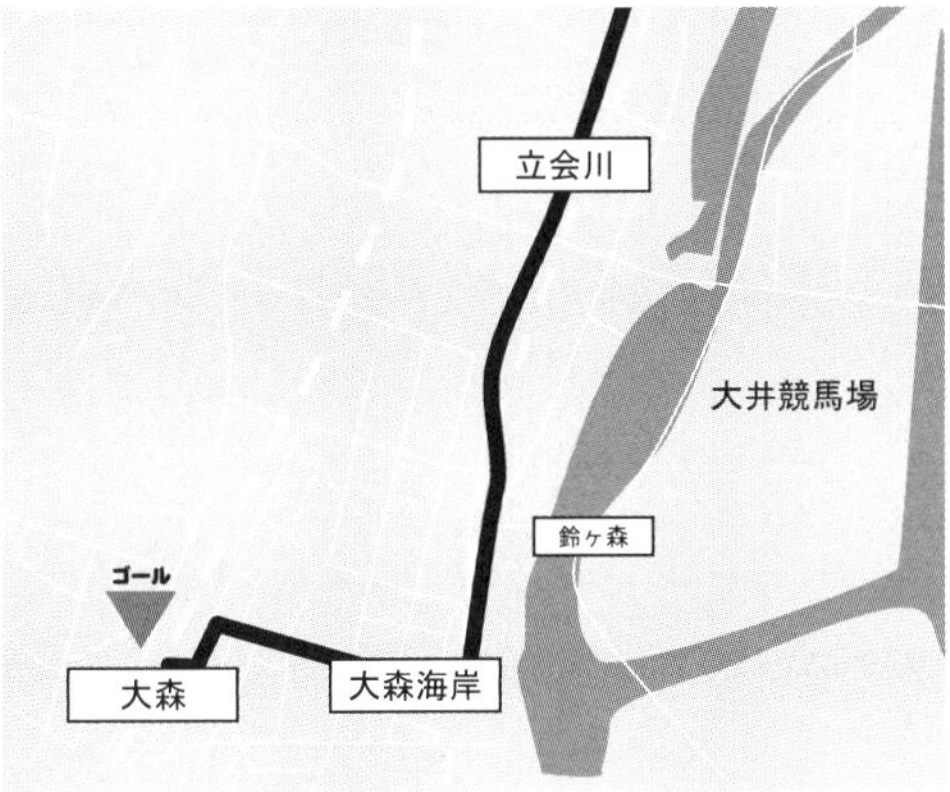

立会川から大森まで約２km

【地元で気が緩む】

疲れがたまって誰一人口を開くことがなくなった中で、ただひたすらに足を前へと進める。品川駅を過ぎ、15キロメートルポイントを通過した後から、疲労はみるみるうちに溜まり、心への重圧と変わってゆく。場所は京浜急行立会川駅から大森海岸駅の間。目指しているＪＲ大森駅からは程近い場所である。

この近辺になってくると地図を見なくても裏道が分かるようになってくる。地元というほど詳しくはないが、イメージ的にはそれに近い場所と言えるだろう。

品川駅からここまでの間で天王洲アイル方面や大井競馬場方面に向かう人などで徐々に歩行者は減り、今では最も混雑していたときに比べ、**半数ほどの人数**になっている。

それでも狭くて歩きづらい歩道よりも一本内側の裏道を通った方が良いという判断で、我々は国道15号線を外れた。

幹線道路は未だに車が動かないほど混雑しているが、一本裏道に入ると車は全く通っていない。そのお陰でようやく広々と歩けるようになった。

だが、この地元ゆえの気の緩みは我々三人に別々の問題をもたらした。

車通りの少ない裏道でようやく自分のペースで歩けるようになったが、三人のうちの一人は歩くペースが早くなり、もう一人は遅くなりはじめたのである。私自身も足の裏の擦れた部分が痛み出し、あまり早くは歩けなくなっていた。

その私よりもペースが落ちた同僚はスニーカーではなく底が薄い革靴を履いていた。見た目からもあまり運動に適した靴ではないことが分かる。足にかかる負担は私よりも大きいはずだ。

「大丈夫か？」そう声をかけると遅れている同僚は疲れを滲ませた笑みを浮かべる。そして、ほんの一瞬だけ左胸を押さえるような仕草をした……ように見えた。

「さすがにちょっと足が痛くなってきたよ。ゆっくり歩いていくから先に行っていいよ」

心配かけまいとしているのか、同僚は軽い口調で笑いながら言う。先に歩いていたもう一人の同僚は立ち止まってこちらを振り返っていた。心なしか、歩くペースを乱されたことで苛立っているようにも見える。

地震のせいで失念していたが、この遅れはじめた同僚は体に疾患を抱えていた。

発病したのはちょうど一年前だが、その後の治療で日常生活に支障がない程度の回復を見せ、薬を飲み続けてはいるものの現在では健康そのものという生活を送っていた。このため恐らく本人ですら病気のことは忘れきっていたのではないだろうか。

それがこのタイミングで顔を出してきた。地元に帰って来たことで気が緩んだのかも知れない。周囲の暗さで顔色は分からないが、疲れというよりも心配かけまいと無理をして笑っているようにも見える。

先を歩いている同僚の方は自分のペースで歩き、途中で立ち止まっては振り返って後から来る同僚を待つというパターンをくり返している。「先に行け」と言われたものの、心配が勝ってそうもできないのだろう。かといって歩くペースを合わせるという考えは全くないらしい。

これについてはどれが正解でどれが間違っているのか、我々には判断できない。唯一間違いがあったといえるのは、疾患を抱える同僚をここまで歩かせてしまったことだろう。

今回は運良くここまで歩いてくることができたが、本来ならば歩かせるべきではなかったのだ。実際本人もそれに気付いたからこそ、「歩いたことによる足の痛み」という理由のみでペースを落としたのだろう。前を歩く我々に先に行くよう促したのも、速いペースで歩き続けることに不安を覚えたからに他ならない。

結局私はこの二人の間の距離を調整するかのように歩いた。後ろから来る同僚は遅れまいと必死についてくる。前を歩く同僚は時折立ち止まって振り返り、無言で後ろを見つめている。

そんなに心配ならちょっとはゆっくり歩いてやれ、と言いたいが、それを言う気力もなくなっていた。この同僚にしてみれば今までがゆっくりすぎるペースで歩きづらかったのかも知れない。

銀座の横を通るとき「何人かで歩けば気が紛れる」と安心したことをふと思い出した。

その考えは今も変わらないが、複数で歩く際にはこういった問題も起こるのだ。

疲労や焦り、苛立ち……気の緩みで今まで感じなかったことが今になって噴出してきた。

我々が目的地としたＪＲ大森駅までは残り１キロメートルもないが、人によってはまだ歩かなければいけない場合もあるだろう。ここから川崎や横浜に向かう人はまだゴールは遠い。

そのときは、とにかく自分のペースを優先するべきではないかと思う。仲間を気遣うあまり自分自身の心や体に負担をかけると、それこそ先の道で自分が潰れてしまう。

遅い仲間を待って一緒に歩くのも優しさなら、お互いの体に楽な歩き方を選ばせるのもまた優しさと言えないだろうか。構わずに好きなペースで歩いて行ってくれたほうが、ゆっくりしか歩けなくなった人にとっては精神的な負担が少ない。但し、何かあったときに助けてくれる人は誰もいなくなるという弊害は発生するのだが。

誰も何も喋らなくなったまま、大森海岸駅の横から大森駅に続くバス通りを曲がる。

道の奥の方にあるビルが明るい。ＪＲ大森駅はもうすぐだった。

【自転車で帰る】

23時25分、ＪＲ大森駅に到着。

電車で行けば小一時間ほどの距離なのに、歩いて行くと約6時間という時間を費やすことになった。

見慣れた駅ビルを前にして、我々は一様に長いため息をついた。

街は地震などなかったかのように、いつもと同じ顔を見せている。

ここまで来るともう道を歩く人も少ない。ＪＲは終日動かないと誰もが知っているからだろう。電車が来ないと分かっている駅に残る人がいるとは思えない。

一緒に歩いてきた同僚二人とはここでお別れとなる。通勤の際、私だけこの駅に自転車で通って来ているからだ。

先刻の歩調を考えると多少の不安は残るが、歩みが遅れはじめた同僚の自宅はここから10分ほど歩いた場所にある。それだけの距離なら恐らく心配はいらないだろう。

二人と別れて線路沿いの自転車置き場へ向かう。途中のビルで2階に上がる階段に人が行列を作っていた。何事かと覗いてみたら、**マンガ喫茶の空き待ちをする人々**であった。こんな状態でブースに空きが出るとは到底思えないが、彼らは一段ずつに順番に座り、順番が来るのをまんじりともせず待ち続けていた。待っている間は階段に腰かけていられるから楽なのだろうか。

金曜日の夜は遅くまで賑やかな飲み屋街も、今日は既に明かりを消して店じまいしているところが多い。まだ営業中のバーでは帰れなくなってしまったらしい熟年男性がホステスとカラオケをして憂さを晴らしているようだった。

そんなアンバランスな緊張感の中を抜け、自転車置き場に辿り着く。自分の自転車が倒れることなくそこで待っていたのを見て、つい笑みが零れた。やっと日常の風景に帰ってこられたという安堵感と、これでもう歩かなくて良いのだという嬉しさからだった。

自転車に乗り、ペダルを漕ぎ出す。足の裏がじんじんと痺れはじめる。だがもう歩かないのだから気にしない。

こう走ってみると**自転車がいかに便利なものなのかを思い知らされる**。道の段差も微妙な坂も気にならない。体重を乗せて漕げばどんどんスピードが上がる。

通りがかりの商店街で自転車屋だけがまだ営業しているのを見かけた。いつもは店いっぱいに自転車を並べているのだが、今は数台の自転車を残すだけになっている。帰宅困難者たちに売れたのだ。

田町あたりで車道を走っていた自転車には眉を顰めたが、実際乗ってみると確かに便利である。大通りではピーク時ほどの人はもう歩いていなかったが、なるべく人のいない裏道を通る。今はできるだけ歩行者の邪魔はしたくなかった。

大森駅から自宅までは、徒歩の場合は約40分かかる。それが自転車だと20分ほどで着いてしまう。普段は何気なく乗っているが、いかにこの乗り物がありがたいものなのか、今になってようやく理解した。まるで自分が風にでもなったような気分だ。

いくつかの角を曲がり、細い路地に入ったところでようやく自宅に到着した。時計は23時50分を差している。およそ6時間半の長い道のりが今ようやく終わりを告げた。

ブレーキをかけて自転車を停める。結局雨は降らなかったが、空を見ると雲が重くなっている気がするから、恐らく今から雨になるのだろう。

日付も変わろうとしているこの時間になってもなお歩き続けている人もいる中で、帰宅できたことに申し訳なさも感じつつ自転車を降りた……のだが。

「――――！　え、ちょ……なんだこれ……」

サドルから降りた途端、膝ががくりとくずおれた。力が入らない。ハンドルを握る腕も急に体重がかかったことでぶるぶると震えている。

何とか立っていられるようにと足に力を入れたが、すぐにその力も弱めなければならなくなった。力もうとしたら腰が変な痛みを発しはじめたのだ。

この痛みには覚えがある。このまま不用意に腰を入れてしまうとぎっくり腰に発展する痛みだ。**ずっと歩き続けてきた上で、急に体勢を変えて自転車に乗ってしまったこと**で、体が悲鳴を上げたようだった。

このまま伸ばしたら間違いなく歩けなくなる。そう考えて、荷物を肩にかけず手に持ち、中腰のままでそろそろと歩く。情けない姿だが、そうしていないとこの場で固まってしまいそうだった。

玄関のドアを開けると家族が出迎えに飛んできてくれた。途中で電話を入れて状況を話していたものの、やはり心配だったらしい。

「大変だったね。心配してたんだよ。テレビじゃ歩いて帰るなって言ってるのにあんた歩くって言ってたから」

「え？」

何を言われているか分からないでいる私に家族はテレビを指差す。数時間前に行なわれた政府の会見の様子が流れていた。

『外を歩くのは危険です。皆さんオフィスから出ないでください。歩いて帰らないようお願いします。危険ですので歩いて帰らないでください……』

そこには**防災服を着た枝野官房長官が徒歩で帰らないよう注意を促す様子が流されていた。**

また、チャンネルを変えると東北地方を襲った地震の様子、それに続く大津波の様子が次々と映し出されてゆく。

「……嘘だろう……」

もう、言葉が出なかった。

号外をもらおうが、ツイッターで情報を拾おうが、歩いている間はそれらがどこか遠くの世界の話で、全く現実味を帯びていなかったのだ。

地震があっても日本の家屋は揺れに強いから大丈夫、津波が来ても人々はきっと高台に逃げられた……そんな根拠のない自信が、心のどこかにずっと宿っていたのだ。

電池切れを嫌い、意図的にテレビを見ていなかったこともあってか、リアルタイムの情報は我々には入ってこなかった。もちろんそれには利点もある。**途中でこんな惨状を見てしまっていたら、心が折れて歩けなくなってしまっただろう。**

テレビ画面は様々な角度からの津波の映像や気仙沼の火事、逃げ惑う人々の姿を何度も放映し続ける。

そしてまた枝野官房長官の会見の様子が映し出された。

『歩いて帰らないようお願いします。危険ですので歩いて帰らないでください……』

独特ともいえる落ち着いた口調が、頭の中をぐるぐると回る。

やっと安心できる場所に帰って来たというのに、私の顔には笑みはなかった。

覚えておきたい

災害時緊急マニュアル

帰宅困難者の心得10ヶ条！

一、むやみに移動を開始しない

一、まずは情報収集をする

一、歩ける限度は15キロと思え

一、会社に泊まる

一、帰宅支援所に行く

一、荷物はできるだけ軽く

一、車道を歩かない

一、道に迷ったら人に聞く

一、ペースを考えて歩く

一、決して無理はしない

あなたのオフィスは大丈夫？

もしオフィスで仕事をしている最中に地震が発生したら、あなたの周りは安全だろうか。次のチェックポイントを見ながら、あなた自身のデスクやオフィス周りをチェックしてみよう。

①上から降ってくる物はないか

上から何かを吊っていたり、棚や机には本や大きい物が積んでいないか。

②一度自分のデスクの下に潜ってみる

事務机は小さい作りになっているので体全体が入るかどうか一度確認しておく。無理な時は、近くに大きくて頑丈そうな机やテーブルがないかを確認し、いざという時に隠れられる場所を確保しておく。

③パソコンや棚は転倒防止がされているか

仕事で使っているパソコンが凶器となる場合も。大きい物や重たいものは転倒防止がちゃんとされているかよく確認しておく。

④避難経路を確認しておく

オフィスのどこに避難経路、避難階段があるのか、道順とともに事前にチェックしておく。

⑤入口、扉の前に障害物がないかチェックする

入口の周りに物がたくさん置いてあると逃げる時に道を塞ぐ原因になるので、入口や通路に物を置かないようにする。

【会社に置いておきたいもの】

- □歩きやすい靴・厚手の靴下
- □マスク・手袋
- □懐中電灯・電池
- □携帯用予備バッテリー・電池式充電機
- □カッパ・雨具
- □保存食
- □マフラー・厚手の上着（冬用）
- □ぼうし・タオル（夏用）
- □リュックなど、背負える鞄
- □地図（震災時帰宅支援マップなど自宅まで分かりやすい物）
- □ビニール袋
- □バンドエイド
- □携帯用カイロ
- □湿布
- □ウエットティッシュ

地震に遭遇したときの対応マニュアル

【揺れが収まったらまずは火の始末と消火！】

地震の際には火事が起こりやすくなる。揺れが収まったらまず火の元の確認をしよう。

【地震がきた時、家族で集合する場所を決めておく】

地震時に家族全員が一緒にいるとは限らないので、前もって集合する場所を決めておこう。

【寝る時は枕元に底の厚い靴を置いておく】

寝ている時に地震が起こった場合、部屋の窓から直接外に出なければならない可能性もある。外は瓦礫だらけということもあり得るので素足は危険。

【災害時には車を使用しない！安全地帯に停車して車を降りる】

誰もが慌てている状況下では、交通事故などの二次災害が発生しやすい。また、渋滞が発生すると緊急車輌の妨げになり、救助活動にも支障をきたすので、車の使用はできるだけ控えたい。

【エレベーターに乗っていた場合、階数ボタンを全て押して止まった階で降り、階段で避難】

地震感知器のついているエレベーターは自動的に最寄りの階に止まってくれるが、ついていない場合はボタンを全て押すこと。

【エレベーターに閉じこめられた場合】

長期戦を覚悟して体力を消耗しないようにする。非常ボタンを押し続け、非常電話で呼びかける。

エレベーターが落ちることはそうそうないので、周囲で励まし合ったり、具合が悪くならないように座ったりして落ち着いて行動しよう。

【建物の中にいた場合、火災の煙に備えてビニール袋か紙袋を確保しておく】

火災が起こった場合に気を付けなければならないのが煙。ポリ袋や紙袋に空気を満たして頭から被り、しっかり端を引っ張って胸元で密封し、姿勢を低くしながら煙の中を通り抜ければ有害な煙から逃れることが可能。

セロハン製の防煙フードであれば3分間は楽に走ることができ

る。

【商業ビルにいた場合、出入口には殺到しない！】

ビル内の人が一斉に出入口に集まれば、パニックになり二次災害を起こす可能性がある。出入口は一つではないので、人の流れに流されないよう冷静に行動しよう。

【屋外にいた場合の注意点】

・頭上注意

ビルの看板や窓ガラスの破片、高圧電線には注意。高架鉄道や高速道路からも離れておく。

・車に注意

車が歩道に突っ込んでくる可能性もあるので、交通量の多い道路は歩道でも注意が必要。

・陥没や亀裂から離れる

突然、陥没や亀裂が広がる可能性があるので近付かない。

・水辺から離れる

津波の心配があるので高台に避難しておく。

・倒れやすいものに注意

電柱、ブロック塀、自動販売機などは倒れやすいので近づかない。

【海沿いの場合】

震度４以上なら津波がくると想定してすぐに高台に避難する。「より遠く」ではなく「より高いところ」へ。

津波は繰り返し押し寄せるので、勝手に判断せずに警報が解除されるまで海には近付かない。

【地下鉄にいた場合】

地震が発生した場合、地下で感じる揺れの大きさは地上の半分程度。煙探知機や防火シャッターなどの防災設備や避難誘導のシステムが整っているので、公共機関の中では比較的に安全といえる。慌てて出入口に殺到し、将棋倒しにならないよう乗務員の指示に従うこと。

【家を離れるとき】

必ずガスの元栓をしめる。

通電の際、火花がガスに引火する場合もあるので、ブレーカーも落とすようにしよう。

緊急マニュアル

【持ち物】

☐ 現金
☐ 身分証明書
☐ 印鑑・預金通帳・保険証
☐ 飲料水
（一人一日3リットルが目安）
☐ 非常食
☐ 携帯電話・非常用充電器
☐ ティッシュ
☐ タオル（5枚くらい）
☐ 懐中電灯・電池
☐ 携帯カイロ
☐ サランラップ
☐ 毛布
☐ 家族の写真
（はぐれた時の確認用）
☐ ホイッスル
（生存率が格段に上がる）
☐ メガネ
☐ 常備薬

【緊急行動パターン】

・ドアを開ける
・荷物は玄関へ持っていく
・底の厚い靴を履く
・ガスの元栓をしめる
・状況をみて浴槽に水をためる
・できるうちに米を炊いておく
・できるうちに携帯充電
・停電時はブレーカーを落とす
・気持ちを落ち着ける
・災害用伝言ダイヤル１７１の利用（避難場所も伝える）
・電話は最低限におさえる

24時間は余震が続くと考え、携帯電話の充電や浴槽に水をためるなど、やれることをしておく。

【避難時の注意】

・倒れかけのタンスや冷蔵庫には近付かない
・頭上やガラス、塀に注意
・壁の亀裂や柱の傾きは倒壊のおそれがあるので即避難
・狭い道、崖沿い、川沿い、海の近くを避ける
・海沿いの人は高台に避難
・ヘルメットか帽子を着用する
・火がつきやすい化繊の服を避ける
・マスクや濡れタオルを装備する
・火災時は風上へ
・車は路肩に寄せて停める

【地震が起こる前】

☐ ヘルメットはあるか
☐ 非常食の蓄えはあるか
☐ 水の蓄えはあるか
☐ 応急処置セットはあるか
☐ 寝袋はあるか
☐ 避難所・避難所までのルート

は確認してあるか

【NTT公式情報】

公衆電話は災害時、優先的につながるようになっている。そして、被災地では無料で使えるようになる。ただし国際電話は使えない。

★無料公衆電話の掛け方

・緑色のアナログ公衆電話

緊急ボタンを押すか、10円玉を入れれば通話可能。通話が終わると10円玉は戻ってくる。

・デジタル公衆電話

テレホンカードや10円玉は必要なく、受話器を取るだけで通話可能となる。

【災害用伝言ダイヤル】

★被災者の方

①伝言ダイヤル「171」を押す
②「1」を押す
③自宅の電話番号を押す
④伝言を録音する

★安否確認をしたい方

①伝言ダイヤル「171」を押す
②「2」を押す
③安否を確認したい方の電話番号を押す
④録音された伝言を再生する

電話が通じなければインターネットでも見ることができる。

・災害用ブロードバンド伝言板

https://www.web171.jp/top.php

【災害用伝言掲示板】

・au

http://dengon.ezweb.ne.jp/service.do

・docomo

http://dengon.docomo.ne.jp/top.cgi?es=0

・softbank

http://mb.softbank.jp/mb/information/dengon/index.html

・willcom

http://www.willcom-inc.com/ja/info/dengon/

【簡易トイレの作り方】

①厚手で大きい段ボールを用意。箱形に組み立てたら、上にできるだけ大きな穴を開ける
②その穴に大きなビニール袋を入れる
③使用して、ある程度溜まったら口を縛って袋を取り出す

ビニールの中に新聞紙を入れたり、使うたびに消毒液などを入れれば、より衛生的に使用できる。

救急処置

【地震酔い】

地震酔いとは、地震が起きていないときでも揺れているような感覚になってしまい、めまいや吐き気を伴うもの。乗り物酔いをする人など三半規管が敏感な人がなりやすい。

対処法としては、車酔いと同じく遠くを見たり、軽いストレッチをして運動するなど、首を回したり振ったり地震を意識しないようにすること。

精神的なものも関係するので、揺れを感じたときにはニュース速報を見たり、水の入ったコップを用意しておき、揺れを確かめるなど「地震ではない」と感じることが効果な解消法となる。

【擦り傷】

①まず、清潔な水で傷口をきれいに洗う。

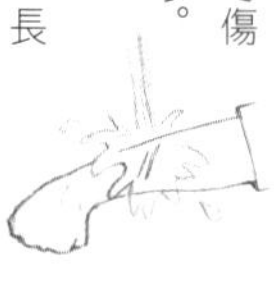

②どの程度の深さ、長さなのか傷口の状況を確認する。

③直接傷口を滅菌ガーゼなどで押さえる、傷口を心臓より高くする。

※感染症の予防のため、他人の血液を直接触らないようにする。ビニール手袋やビニール袋などを使用することを忘れずに。

【突き指】

①患部をよく冷やす。

②固定する。

「突き指は引っ張って戻す」という俗説があるが、無理に引っ張ったり動かしたりすると治りが遅くなるうえに症状が悪化することがあるので決して引っ張らない。

【打撲】

①傷があれば清潔な水で洗い、出血があれば止血する。

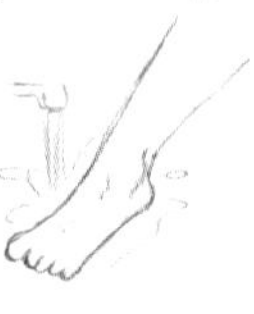

②タオルの上から氷のうで冷やす。はれや痛みが強ければ湿布を貼り、安静にする。

【ねんざ】

①患部を氷水に付けるか、タオルの上から氷のうでよく冷やす。

②冷湿布をあてて包帯や三角布で固定する。患部は動かさないようして安静にする。

【骨折】

①むやみに動かしたり、折れ曲がったところを元に戻そうとしない。出血があれば汚れを清潔な水で洗い、清潔な布をあてて止血をする。

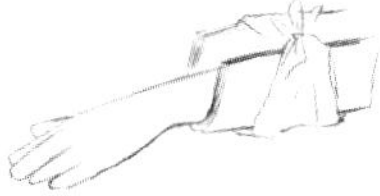

②骨折した部分に副木（そえ木）をあてて固定し、早めに整形外科で受診する。

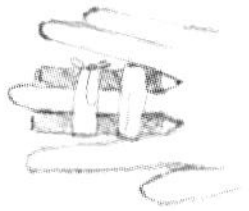

骨折したときに周囲にちょうど良い副木がない場合は、手元にあるもので代用すると良い。

手指なら筆記用具（鉛筆、ボールペン、定規）など。腕や足なら杖、傘、厚紙、雑誌などが良い。

【担架の作り方】

毛布と2本の物干竿で担架を作ってみよう。

①毛布を敷き1／3ぐらいのところへ物干竿を置き、竿を巻き込むように毛布を折る。

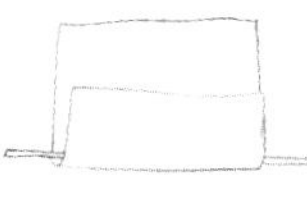

②もう一本の物干竿を人が乗れるぐらいの位置に置き、1本目の竿をくるんだ毛布を巻き込むように折る。

この他にも、衣類やズボンと枝でも担架を作ることができる。

電車内での地震に対する対処法

もし電車に乗っている際に大きな地震が起こった場合、どう行動するのが良いのだろうか。

揺れを感じ、車両が一時停車した場合には、我先にと外に逃げたくなる気持ちも分かるが、電車の側には高圧電線が設置されていることもある。このため、非常用コックを使用したり勝手に外に出たりするのはとても危険！

脱線、横転、追突などが起きない限り、車内には落ちてくる大きなものもなく安全だと言えるので、急ブレーキがかかったとしてもそう大きな死傷事故にはつながりにくい。

座席に座っている場合には、姿勢を低くし、頭を鞄などでしっかり守る。立っている場合には手すりやつり革をしっかり握って横転に注意すること。

新幹線に乗車していた場合には、前に飛び出してしまわないよう座席の間に身体を隠すことが大切。

そして、まずは落ち着いて乗務員の指示に従うのが賢明である。

ただ、もしも電車がレールを外れるような自体が起こった場合には、圧死の危険が高まってしまう。特に通勤通学の時間帯の満員電車であったならば「人間」が凶器となるからだ。

車内で最も安全な場所は、すぐにその場に身体を固定することのできる場所……つまり人の圧迫を受けにくいドア付近や長椅子の両端が挙げられる。

横転するようなことがあれば、車内は上下左右がわからないほどの状態になることが予想される。とにかく頭を一番に守り、手すりやつり革に身体をあずけて体勢の保持につとめよう。

電車の中では手すりがあるところが体を固定しやすい。

夜中の地震に対する対処法

天災はいつ何時起こるのか予測するのはとても難しい。私たちが起きて活動している時間帯にならば対応できることも、夜中の寝静まっているときでは対応できないことも多い。そんなときのためにも事前に準備をしておく必要がある。

まず、夜中の地震で一番重要なのが、光源を確保すること。

停電して視界が奪われてもすぐに対応できるよう、素早く手に取れる位置に常備灯や懐中電灯を用意しておこう。

『通路に常備灯』

『玄関にプッシュ式ライト』

『台所に懐中電灯』

…など、色んな場所に複数用意しておいたほうが家のどの場所にいても対処しやすくなる。

①まずは灯りの確保

夜中に地震が起きたら、まずは手近にある光源を点灯させる。常備灯、懐中電灯などは決められた場所に置いておくことが肝心。設置場所は暗闇の中でも簡単に手に取れる場所にしよう。

②次に状況の確認

灯りを確保したら次は通路の確認。足元にガラスなどの危険なものが落ちていないかチェック。揺れが強く、転倒物が多いときにはすみやかに家から出ることも大切になるからである。

③注意すべき点。

大人はどうしても世間体や常識が働いてしまいがちである。パジャマで外に出るのは恥ずかしいから……と着替えをしたり、必要最低限以上の物を持っていこうとして逃げ遅れてしまう可能性が出てくる。だが、災害時には「命を守る」ことを最優先にして行動するようにしよう。

夜中の地震は停電になれば視界が奪われてしまう。すぐそばの家族の確認も困難になりパニックに陥りがちで、体も迅速に動きにくくなると予想される。

灯りの確保を素早くできる環境にして備えておこう。

お風呂に入っているときの地震に対する対処法

お風呂に入っているときは裸という最も無防備な状態なのでパニックになりがち。正しい対処法を知って冷静に行動できるようにしよう。

①ドアを開け、お風呂の中で揺れが収まるのを待つ

お風呂やトイレは狭い分、周りの柱や壁がしっかりしている。落ちてくる大きなものもないので他の部屋よりも安全。慌てて出ずに滑らないようしゃがみながら揺れが収まるのを待とう。

このとき、入口のドアが変形して閉じ込められる危険があるので、少しだけドアを開けておくのを忘れないように。

②足元に危険がないか確認

揺れが収まったら、動く前に床にかみそりや鏡など危険なものが落ちていないか十分に確認する。

③追い炊きや自動スイッチを切り、お湯は抜かない

お風呂からあがるときには給湯器のスイッチを忘れずに切ること。これはガスを止めて火災が起きるのを防ぐため。断水の可能性もあるからお湯はそのままにしておく。

④最悪、服は避難後に着る

緊急性が高い場合は避難を優先すること。バスタオルや毛布で体を包み、忘れずに着替えを持って外に避難しよう。このとき、靴はサンダルなどではなく、しっかりしたものを履くようにする。

裸という無防備な状態なので、慌ててしまいがちだが「お風呂は意外と安全」ということを忘れず落ち着いて行動するように心がけよう。

COLUMN

道標としてのコンビニエンスストア

多くの人が交通手段を失い、いわゆる「帰宅難民」となった震災直後、歩く途中でコンビニエンスストアに立ち寄った人も多いのではないだろうか。

今回の首都圏での混乱時に、コンビニエンスストアはどのような動きがあったのか。都内にあるセブンイレブンにて当時の話を聞いてみた。

「地震があった時は数人のお客様がいらっしゃいましたが、当店では商品が荷崩れすることもなく、お客様はじめ従業員にも怪我はありませんでした」

商品の棚は、商品の手前に透明のアクリル板を置き、落下防止策が施してある。地震の際はあまりの揺れの強さに缶やガラス瓶が多い酒類の棚のみ手で押さえていたが、なんとか持ちこたえたとのことだ。

「地震の直後からは多くのお客様がご来店くださいました。皆さん買い物目的でしたね。お弁当やおにぎり、サンドイッチ類をお買い求めの方が多かったです。ガスや水道が止まってしまうのを心配されたようで、調理しなくても食べられる商品に集中していたようです。夕方くらいからお客様に一番聞かれたのは道に関してですね。どうやら営業でこのあたりに来ていて、帰りの手段が全く分からなくなってしまった方が多かったようです。次に多かったのがトイレの利用。基本的に私どもでできること・お手伝いできることは何でもさせてもらう心づもりでおります。商品を差し上げるといったことは不可能ですが、トイレをはじめ電源をお貸ししたり、お水を飲ませて差し上げたりといったことは可能です。お客様に対してできることは何でもする、というのが弊社の災害時の理念です」

コンビニエンスストアをはじめ各飲食店やスーパーなどでは「帰宅支援ステーション」などのステッカーを貼り、災害時に帰宅困難者をサポートすることを明言している店舗が数多くある。

災害に次回などあって欲しくないものだが、万が一人々がまたこのような状況に陥った際には、コンビニエンスストアを辿るように道を決めて行くのも一つの手段だろう。

帰宅支援ステーション

大災害が発生した場合には公共機関が不通となってしまう可能性が高く、外出中の人の多くは帰宅が困難になってしまう。

このような「帰宅困難者」の徒歩帰宅を支援するために、九都県市（埼玉県、千葉県、東京都、神奈川県、横浜市、川崎市、千葉市、さいたま市、相模原市）は沿道の事業者の協力を得て、「災害時帰宅支援ステーション」を設置している。

この災害時帰宅支援ステーションでは、

①水道水の提供
②トイレの使用
③地図等による道路情報、ラジオなどで知り得た通行可能な道路に関する情報提供

……など可能な範囲で協力をしてもらえるようにしている。

【災害時帰宅支援ステーション一覧】

★コンビニ、ファーストフード

ａｍ／ｐｍ
ココストア
コミュニティ・ストア
サークルK、サンクス
スリーエフ、キュウズマート
セブンイレブン
デイリーヤマザキ、ヤマザキデイリーストア
ファミリーマート
ポプラ、生活彩家
ミニストップ
ローソン、ナチュラルローソン
ローソンストア１００、ショップ99
吉野屋
山田うどん
モスバーガー
カレーハウス CoCo壱番屋

★ファミリーレストラン

デニーズ
ロイヤルホスト
シズラー
公公婆婆
シェーキーズ

★ガソリンスタンド

埼玉県・千葉県・東京都・神奈川県石油商業組合加盟のガソリンスタンド

この他、東京都内では都立学校や一部の郵便局、神奈川県内では日産系の自動車ディーラーでも帰宅支援ステーションが開設されるようになっている。

コンビニエンスストア、ファミリーレストランなど

千葉県内ガソリンスタンド

神奈川県内ガソリンスタンド

東京都内ガソリンスタンド

埼玉県内ガソリンスタンド。主に防犯。

埼玉県内ガソリンスタンド。
16 号線から南（東京側）に使用。帰宅支援。

iPhoneやiPadで防災に役立つアプリ

アプリは無料のものから数百円程度のものまで数多く存在し手軽に利用できるようになっている。

そんな中から防災に役立つ無料アプリを紹介しよう。

【今日の地震】

地震発生場所を即検索可能なアプリ。iPadにも対応しており、当日に起こった全国の地震情報がスタート画面に載っている。

ポイントはMAPの機能と連動してすぐに発生場所が表示されるところ。iPadやiPhoneの地図検索機能はスクロールや検索などが速いのでいざという時に便利。

【ゆれくるコール】

緊急地震速報通知アプリ。地震の発生時、設定した予測地点に到達する震度と時間と通知してくれるというもの。アプリを起動させていなくても通知を受信することができるので心強い。

【i-Seismo】

海外ものの地震計と測定器のアプリ。加速度センサーがついているので、iPadやiPhoneを地震感知器にすることができるというもの。タテ揺れ横揺れを三次元的に感知する。

【そら案内】

日本気象協会が出すアプリ。地震とともに気を付けておきたい豪雨災害「ゲリラ豪雨」などの危険を察知することも可能。自分に必要な地域を設定し、すぐに必要な天気情報を得ることができる。

この他iPhoneの画面などを懐中電灯にしてしまうものや、ラジオ局の放送が聞けるものなど様々な防災に役立つアプリがあるので自分に必要なものを探しておこう。

iPhoneのバッテリーを長持ちさせるコツ

まずは、バッテリーの残量を細かく知っておくことが重要だが、通常では携帯電話と同じく電池マークが徐々に減っている様子しかわからない。

しかし、設定メニューから「一般」→「使用状況」→「バッテリー残量率」という項目を「オン」にすると、１００パーセント表示でバッテリーの残量がわかるようになる。

それでは次にバッテリーの消費を少しでも節約する方法を考えよう。

①液晶画面の明るさ

携帯電話は液晶画面と通信に大量の電池を使用する。iPhoneの場合も大型液晶画面がバッテリーの消耗の大きな原因となっている。

設定画面から「明るさ」を選択すると手動で明るさの調節が可能になる。更にiPhoneはセンサーによって周りの明るさを判断し、自動的に液晶の輝度を調整しているので、その自動調整をオフにしてから液晶を暗くすることでバッテリーの消耗を少し抑えることができる。

②無線ＬＡＮ設定

無線ＬＡＮを起動させたままにしておくと、常に無線ＬＡＮの電波を探し続ける状態になってしまうので、使うとき以外はこまめにオフにしておく。

設定方法は、設定画面から「Wi-Fi」の項目を選びオフにする。

③情報の自動受信

情報を自動的に受信できるようにしていると、余計な通信が発生してしまう。

設定画面から「メール／連絡先／カレンダー」→「データの取得方法」→「プッシュ」をオフにする。ついでにその下の「フェッチ」を「手動」にしておく。こうするとパソコン用のメールなどを自動受信しなくなるのでバッテリーの消耗を抑えることができる。

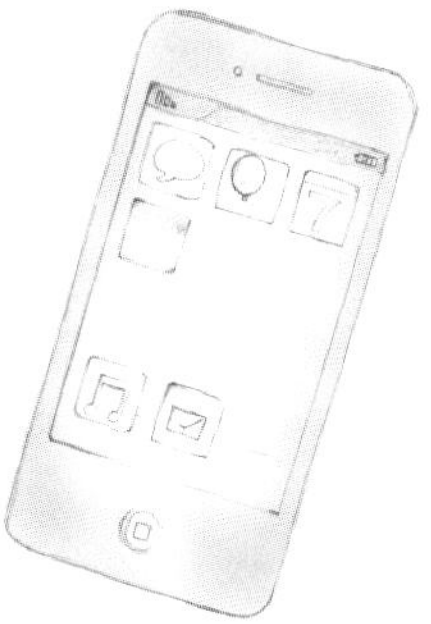

東日本大震災時の通信状況

【固定電話】

ＮＴＴ東日本では地震発生直後から被災地や東京都に向けた発信規制を実施。14日午前6時の時点では宮城、岩手を中心に約56万回線が不通になり、ＫＤＤＩでは東北以北と関東以西で加入者同士の全通話が不能に。


【公衆電話】

11日午後8時頃までには、ＮＴＴ東日本営業エリアの17都道県全域の公衆電話が無料化された。都内では使用するまでに1時間以上待った人も。


【携帯電話（通話）】

被災地を中心に一時はほぼ全面不通となった。都内では通信会社によって、3日過ぎてもなおつながりにくい状態が続いた。総務省によると3月13日の時点でＮＴＴドコモ、ＫＤＤＩ、ソフトバンクモバイル、イー・モバイルの4社で東北地方にある基地局全体の約4割で障害が起きていた。


【Skype】

Skypeとは、インターネット回線や携帯電話回線を利用する電話サービスのことで、パソコンや一部のスマートフォンで利用することができる。Skypeのユーザー同士であれば通話は無料で利用できるが、１１０番などの緊急電話番号には発信できない。

都内では地震発生から数時間後には通話ができた。


【災害用伝言ダイヤル】

通信規制下でも利用可能なので、被災地にいる人の生存確認や連絡手段として使われた。ただし、録音には被災地の市外局番を含んだ固定電話番号の入力が必要となる。録音時間は30秒以内。


【携帯電話（メール）】

地震発生直後、携帯電話回線を利用するメールでは送受信が困難となった。インターネット回線でも送受信可能なメール（Gmailや Yahoo!メールなど）が利用できるスマートフォンなどでは、地震発生直後でも送受信ができた。


【災害用伝言板】

パソコンや携帯電話から伝言を書き込んだり、その伝言を閲覧できるサービス。安否確認をしたい人の電話番号を入力することで書き込まれた伝言を検索することができる。今回、回線が不安定な時間帯ではつながりづらかった。

Google社が提供する「Person Finder」では書き込んだ人の名前で検索することが可能で、登録件数は約17万件にのぼる。

【Twitter（ツイッター）】

安否情報だけでなく、政府や各自治体、報道機関が発表した避難所やライフラインなどに関する情報が即座に書き込まれるため、情報入手手段としても活用された。

特定の人と直接メッセージのやり取りができるダイレクトメッセージは、電話やメールでのやり取りが困難なときに活躍。地震発生後はアクセスが殺到したため、つながりにくくなった。

【mixi（ミクシィ）】

インターネット回線が不安定な地域では利用が困難となったが、地域別の専用ページが設けられ、頻繁に情報交換がされた。一度接続に成功すると「最終ログイン時間」が記録されるため、生存を伝えることもできた。ただし、ツイッターと同じように不正確な情報もいくつか散見された。

【ニコニコ動画、Ustream】

視聴にはパソコンやスマートフォンが必要となるが、ニコニコ動画ではスマートフォン以外の一部の携帯電話からも視聴することができた。携帯電話回線でも視聴はできるが、安定的な視聴にはインターネット回線接続が必要となる。

【ワンセグ放送】

携帯電話回線やインターネット回線に接続されていなくても視聴できるため、地震発生直後から安定して利用することができた。

視聴にはワンセグ対応携帯電話、テレビや一部のスマートフォン、チューナーを接続したパソコンなどが必要。また、カーナビでも視聴することができる。

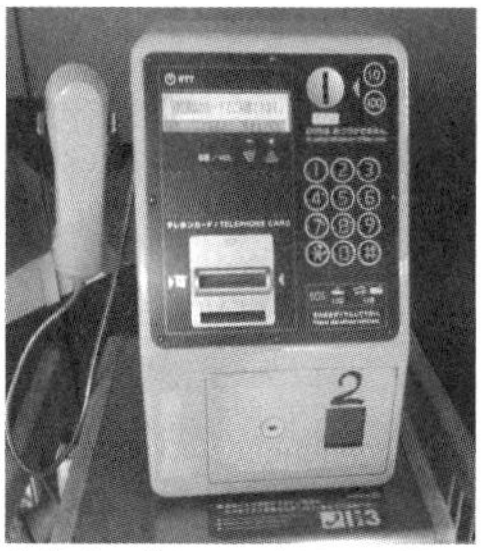

非常時に備えて公衆電話の場所を知っておこう

ツイッターとは

140文字以内の短い投稿（ツイート）を入力して他の人と共有するサービスのこと。メールアドレスがあれば誰でも無料で登録ができ、政治家や有名人、芸能人、宇宙飛行士など国境を越えた老若男女が広く活用している。

【ツイッターの活用方法】

リアルタイムで様々な場所や人の情報を得ることのできるツイッター。

不確定な情報や流言も多く流れるという短所はあるものの、信用できるアカウントもあるのでフォローしておきたい。

・首相官邸（災害情報）
@Kantei_Saigai

・総務省消防庁
@FDMA_JAPAN

・厚生労働省
@MHLWitter

・ＮＨＫ広報局
@NHK_PR

・ＮＨＫニュース
@nhk_news

ハッシュタグとは＃記号と半角英数字で構成される文字列のこと。発言内にこのハッシュタグである「＃〇〇」を入れて投稿することで、その記号つきの発言が検索画面などで一覧できるようになる。

★東日本大震災に関するハッシュタグ

地震一般に関する情報「#jishin」
救助要請「#j_j_helpme」
避難「#hinan」
安否確認「#anpi」
医療系被災者支援情報「#311care」
支援が必要な現地の方々の声「#311sppt」
停電情報「#316teiden」
電車の運行状況「#316train」
バスの運行状況「#316bus」
道路交通状況「#316car」

【ツイッター用語】

フォロー…特定のユーザーのツイートを自分にホーム画面のタイムラインに表示させるようにすること。

フォロワー…あるユーザーをフォローしているユーザーのこと。

アカウント…ユーザー名。

タイムライン…複数のツイートが時系列に並ぶログ全体のこと。

カイロを少しでも長く温かく使う方法

今回の震災は3月とはいえまだ寒い日のなかで起こった。

たくさんの帰宅難民のなかには使い捨てカイロを持っていた人もいただろう。この使い捨てカイロ、使い捨てとはいえできれば少しでも長く使いたいもの。

このカイロを長持ちさせる方法はずばり「なるべく密閉して使う」こと。

カイロは中に入っている鉄が外の酸素と触れ合うことで反応して発熱する仕組みになっている。このため、なるべく酸素に触れさせないようにすると良い。例えば貼るタイプのカイロなら肌着と腹巻の間などぴったりとした隙間に貼れば、酸素に触れにくくなり温かさが持続することになる。

また、カイロを密封できるビニール袋に入れると酸素と触れ合うことができなくなるので、一時的に温かさをストップさせることができる。

手先が冷たいからとカイロを手にあててしまいがちだが、それでは効率良く身体全体を温めることができない。より効率的な場所は、首の付け根のやや下あたり、背中、腰、尾てい骨周辺など、神経が集中しているところ。ここを温めると血液が効率良く巡回し体全体を温めることができる。

【カイロ使用の注意】

・直接肌に貼らない

低温やけどの危険があるのでNG。

・就寝時は特に注意

布団の中は酸素が密閉されやすく熱がこもりやすいので、熱くなりすぎてしまうこともある。就寝時にはなるべく使用しない方が良い。

・用途を守る

靴下に貼る用のカイロがあるが、靴の中の少ない酸素でも発熱できるよう設計されている。このため、靴のなか以外で使用すると酸素の量の違いから熱くなりすぎてしまう場合がある。

・食品には使わない

カイロの温度は雑菌が好む温度。食べ物を温かい状態で食べたいと思っても、衛生的にも悪いので使用はNG。

レジ袋でおむつを作る方法

赤ちゃんがいる家庭で必須なもののの一つに上げられるおむつ。

緊急事態に備える、とは言うもののかさばるおむつをたくさん買い置きしている人は少ないはず。

そんなとき、身近にあるもので代用できる術を知っていると、いざというときに役立つことになるだろう。

用意するもの
・レジ袋
・タオル、ハンカチなど
・はさみ、カッターなど

①レジ袋の持ち手の上部と、側面のマチの部分をそれぞれ切り離す。底の部分を切り離さないように注意。

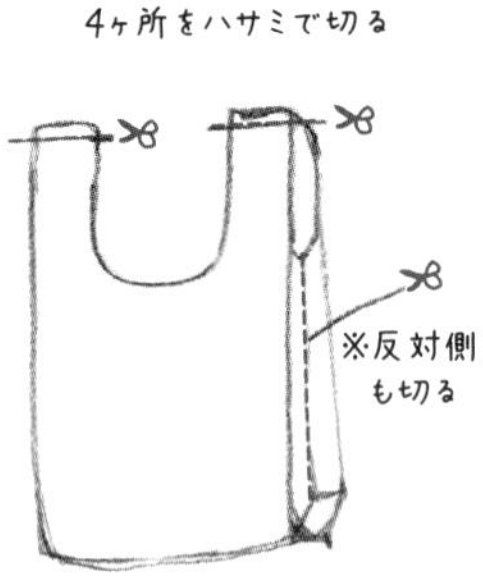

②タオルやハンカチを折り畳んでレジ袋の中央あたりに敷く。タオルの位置を合わせるように赤ちゃんをレジ袋の上に乗せる。

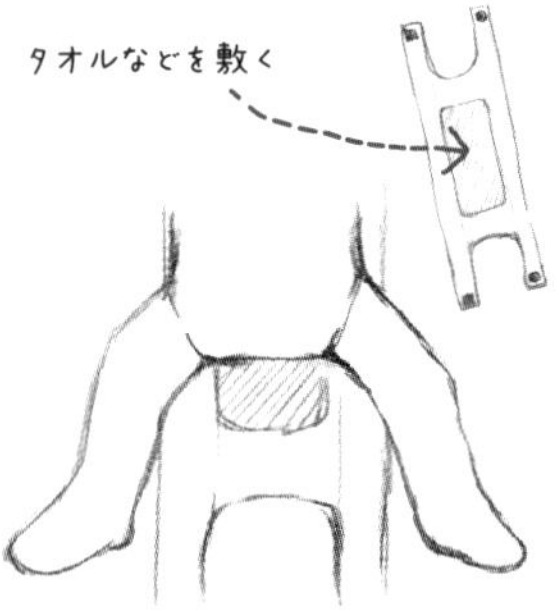

③持ち手の部分を結んで完成。袋が大きい場合には持ち手のところに切り込みを入れてサイズを調整する。

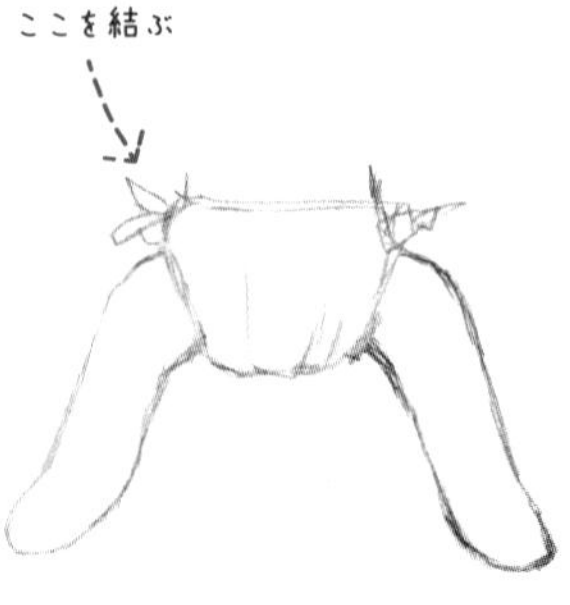

この方法は洗って再度使うことができ、女性の生理用品の代用にもなる。
タオルやハンカチなどは他にも使い道が多いので日頃からしっかりと携帯しておこう。

乾パンをおいしく食べる方法

災害時に備え……と購入しておいた乾パン。

乾パンの賞味期限はおおよそ数年といったところ。その間に災害が発生しなかったということは喜ばしい限りだが、賞味期限が迫った乾パンはどうすればいいのだろう。おいしいとは言い難いだけに、非常時以外で食べるのはちょっと…と思ってしまう人も多いはず。そんな人のために乾パンをおいしく食べる方法を考えてみよう。

・つけてみる

オーソドックスに、乾パンをジャムやポタージュスープ、牛乳などにつけて食べる方法。ジャムなどの他にも、ナンの代わりとしてカレーをつけて食べたり、マヨネーズと粉チーズをつけるのもおいしい。

・砕く

細かく砕いてクルトン、またはパン粉の代わりとして使用。味噌汁の具にするのも◎。

更に、レアチーズケーキなどの下の台の生地にしたり、粉状になるまで砕き、卵と牛乳をくわえてピザ生地などにも応用できる。

・乗せる

火で軽くあぶってからバターを乗せる。乾パンはコゲやすいので焼きすぎに注意。

チーズやドライソーセージ、サラミなどお好みの具材を乗せて食べるとワインと良く合う酒のおつまみに。

その他にも、暖めた牛乳に浸して離乳食としたり、油で揚げてドーナツ風にするなど、意外と工夫のしがいがありそうな乾パン。自分なりのアレンジを見つけて楽しんでみるのも良いかも知れない。

買いだめ不要の代用テクニック

震災後、コンビニやスーパーで買いだめや買い占めが起こり、食糧や水、トイレットペーパーなどが次々と姿を消した。

不安な気持ちもわかるがこんな非常時こそ、知恵と工夫で切り抜けよう。

・ティッシュペーパー

いらなくなったタオルやTシャツ、肌着などを使用。衣類は使いやすいように大まかに切っておくと便利。水が出るときにまとめて洗い、油や汚物を処理したものはそのまま廃棄する。

・トイレットペーパー

漫画雑誌や新聞など薄く柔らかい紙を適当な大きさに切り、よく揉んでから使用。

東南アジア一帯ではペットボトルなどに水かお湯を入れておき、その中の水をかけて手で洗い流す方式がとられている。断水のときは自ら便器に水を入れて流さねばならなくなり、トイレットペーパーや紙を使わないこの方法の方が楽に流れ、下水処理の負担も減ることになる。

・紙おむつ

前ページで紹介したレジ袋で作る方法の他に、小さい子どもなどのパンツをおむつカバーとして使用する方法。内側には吸水性の良いタオルなどをあてがい、直接肌に触れる面には切った古着をはさんでおむつライナーにしよう。

合うパンツがなければタオルや手拭いなどの片側の端にひもを縫いつけ「ふんどし」として使うことも可能。

・生理用品

布ナプキンを準備しておけば洗って何度も使用できる。

・歯磨き粉

なにもつけなくても大丈夫だが、なにかつけるのであれば塩をつける。

・洗剤

食器の油汚れは最初に新聞紙で拭き取ってから洗い、米のとぎ汁などで油汚れを落ちやすくする工夫をして、少しでも洗剤を使う量を少なくする。

・電池、懐中電灯

真っ先に売れてしまったものの中にあげられる電池と懐中電灯。どうしても手元にない場合、キャンドルを厚手のガラスビンに入れて使う。

キャンドルをビンの高さよりも短く切り、熱いロウをビン底に垂らしその上にキャンドルを入れて固定する。点火するときはスパゲティの先に移した火で行なうと安全。底が熱くなるのでお皿などに乗せて使用すると良い。

近くには鏡や、水を入れたペットボトルを置くと光が増幅する。消火は確実に行なうこと。

・懐中電灯その②

小さい懐中電灯しかない場合は、レジ袋をふんわりかぶせたり、トレーシングペーパーや白いオーブンペーパーを袋状にしてかぶせると光が拡散し、明るくなる。S字フックを利用して吊るせばランタンの代わりにもなる。

・暖房器具

ペットボトルや蓋のある厚手のガラスビンにお湯を入れ、湯たんぽの代わりにする。

・その他

焼酎やウォッカをよく洗ったスプレーボトルに入れて消臭や消毒に使う。化粧落としにオリーブオイルを使う。……など、代用できるものはいろいろある。限られたものを最大限に工夫し使いながら「ものに頼らず暮らす技術」を高めていこう。

3月12日都内イトーヨーカドーにて。
カップラーメンの棚からは全ての商品が消えていた。

待機電力の多い家電製品

今回の地震による影響で火力発電所や原子力発電所が停止し、関東地方は極度の電力不足に陥った。計画停電が実施され節電が叫ばれるなか、見落としがちなのが家電製品の待機電力。待機電力とは、コンセントに挿しているだけで消費される電力のことで、リモコンで動作するテレビや時計表示のある電子レンジなど、待機電力のかかる家電製品は数多くある。家庭の消費電力のうちの約6％が待機電力であるといわれているほどだ。

その待機電力を少しでも減らしていくことは節電だけでなく節約にもなるので、減らしていく方法を考えてみよう。

①コンセントを抜いても支障がないものを見つける

留守番電話やタイマー予約をしているビデオデッキなどは、待機電力がかかるからといってコンセントを抜けるものではない。むやみやたらにコンセントを抜くのではなく、生活に支障がないのかどうかを見極めよう。

アイロンやドライヤー、掃除機などはスイッチが入っていなければ待機電力はかからない。

②長期間使用しないものからコンセントを抜く

待機電力を消費する電化製品はエアコン、電子レンジ、携帯電話充電器、テレビ、パソコン、オーディオコンポなど。

ホットカーペットのようなオフシーズンには出番のない家電や、たまにしか聞かないオーディオ機器などはコンセントを抜いておこう。

③スイッチ付きコンセント

コンセントにスイッチが付いているものが売られており、これがあれば元から抜き差ししなくて良いのでいちいち面倒くさいと思っている方にとっても非常に便利。

④待機電力のかからない家電を買う

近年は無操作状態が続くと自動で電源が切れたり、待機電力を少なく抑えられる機種が多く発売されているので、新しく購入する際には機能面や価格だけではなく、待機電力のことにも注目するように心がけよう。

簡単にできる節電方法

電力消費の高い電化製品については可能な限り電力を抑える方法で節電を心がけよう。

・テレビ

テレビの画面サイズを小さくする、音声のボリュームを下げる、画面の明るさを暗くする……などを行なうとささやかながら消費電力は少なくなる。

例えば25型は14型の1.6倍の電力を消費したり、BS内蔵など多機能になればなるだけ消費電力も大きくなる。

・パソコン

短時間につけたり消したりが一番電力を消費してしまう。2時間以内に使うのであれば電源はオンのままの方が良い。使うのかどうかわからないときには最低限の電力で待機させる「スタンバイ」や「休止状態」にしておこう。

モニタに関しては、スイッチのオンオフで過度に電力を消費しないので、こまめにモニタを消すことを心がけよう。

・冷蔵庫

冷凍庫は凍ったもの同士で冷やし合うので、たくさん詰め込んだ方が良い。反対に、冷蔵庫は冷気が全体にまわるようにあまりものを詰め込まない方が良い。

また、夏ならば「中」に、冬ならば「弱」にと、季節に応じて設定温度を変えるのも重要。

・エアコン

設定温度の基準を、冷房ならば28度、暖房ならば20度に設定する。

冷房は普段よりも1度高めに設定し、暖房は2度くらい低めに設定すると、1割の節電につながる。

家族・友人・知人の電話番号を記入しておこう

MEMO

あとがき

本書を書き上げてしばらくの間、帰宅直後のように言葉が出なかった。今もこの後にどう言葉を繋げるべきなのか考えあぐねている。当時を振り返り目を閉じると、浮かんでくるのは帰宅直後に見たあの津波の映像である。我々がオフィスで呑気に情報を集めている間、あるいはおしゃべりしながら歩いている間、被災地ではあの津波が街を、人々を呑み込んでいたのかと思うと筆舌に尽くしがたい悲しみや苦しみ、自然に対する恐怖、そしてのんびり歩いていた自分への腹立たしさが全て綯交ぜになって重く圧しかかってくる。

このたびの東日本大震災において亡くなられた方に改めてご冥福をお祈りすると共に、被災された方、そのご家族・お知り合いの方々に心からお見舞い申し上げたい。くれぐれも健康にご留意のうえ、一日も早く復興・復旧されることを祈って止まない。

本書における私「難民A」とはあなたのことでもある、とはじめに書かせていただいた。帰宅難民となる状況は何も震災だけに限ったことではないからだ。何らかの理由で交通網が麻痺すれば、人々はその時点で帰宅難民と化す。その発端は天候によるものかも知れない。何らかの事故によるものかも知れない。そして何よりもこれは東京に限った話ではなく、大阪や名古屋などの都市でも充分起こりうることだ。

東日本大震災から1ヶ月過ぎ、改めて当時のことを振り返り、この震災がいかに甚大な被害をもたらしたかを思い知らされる。首都圏でも液状化による被害が多数出ており、場所によっては復旧の目処が立っていないところもある。また、1ヶ月経ったからこそ冷静に当時を振り返ることができるようになったようにも思える。我々と同じように難民化し、夜通し歩き続けた読者諸氏においては、本書があの場の雰囲気を思い出すきっかけとなり、帰宅困難時における今後の対策を考える上での資料となればありがたい限りである。

本書を執筆するにあたって力を尽くしてくださった北辰堂出版の小出千春社長、編集部の坂本弥穂さん、野間美幸さん、イラストレーターのにょまコーラさんにはこの場を借りて御礼申し上げる。発行にあたっては無茶ばかり言ってしまったが、被災地への協力ができればと売上をチャリティーに回すことも快諾してくれたことに感謝の念が絶えない。

被災地の方々に一日も早く本当の笑顔が戻ることを祈りつつ、以上を拙稿の結びの言葉とかえさせていただく次第である。

難民A

平成23年4月

参考文献

図解ひと目でわかる応急手当　主婦と生活社

【インターネット】

All About　http://allabout.co.jp/

nanapi　http://nanapi.jp/

ストラテジー株式会社　http://www.estrat.co.jp/index.html

自然体験活動ＱＱレスキュー隊　http://www.jon.gr.jp/qq/index.html

湿布の貼り方　http://www.pharma802.com/~kk-navi/external/ship/ship.htm

千早赤阪村健康ストレッチ体操　http://www.vill.chihayaakasaka.osaka.jp/kenko-g/468-kenko-taiso.html

●難民A●

東京生まれ。ごく普通の小学校・中学校・高校・大学を卒業し、毎日満員電車に揺られて都内に通勤を続ける、どこにでもいるような30代の会社員。その傍らで夜な夜な小説などの執筆活動を行なっている。今回は従来のペンネームを隠して執筆している。趣味は園芸と武蔵御嶽神社参拝。

帰宅難民なう。

2011年5月10日　初版発行
著者/難民A
発行者/小出千春
発行所/北辰堂出版株式会社
〒162-0801 東京都新宿区山吹町364
tel.03-3269-8131　fax.03-3269-8140
http://www.hokushindo.com/
印刷製本/勇進印刷株式会社

定価はカバーに表記。
ISBN:978-4-86427-032-8

この書籍は売上の一部を日本赤十字社を通じて被災地へ寄付いたします。